JOGANDO *para* GANHAR

TEORIA E PRÁTICA DA **GUERRA POLÍTICA**

ROBERTO MOTTA

JOGANDO *para* GANHAR

TEORIA E PRÁTICA DA **GUERRA POLÍTICA**

Inclui análises exclusivas sobre os livros
A Arte da Guerra Política de David Horowitz e
Regras para Radicais de Saul Alinsky

Segunda Edição
— Revista, Modificada e Condensada —

LVM
EDITORA

SÃO PAULO | 2023

Copyright © 2018 by Roberto Motta
Copyright © 2023 by LVM Editora

Os direitos desta edição pertencem à
LVM Editora
Rua Leopoldo Couto de Magalhães Júnior, 1098, Cj. 46
04.542-001 São Paulo, SP, Brasil
Telefax: 55 (11) 3704-3782
contato@lvmeditora.com.br

Gerente Editorial | Chiara Ciodarot
Editor Responsável | Pedro Henrique Alves
Revisão | Ana Júlia Olivieri
Preparação de texto | Alexandre Ramos da Silva
Capa | Mariangela Ghizellini
Diagramação | Spress

Impresso no Brasil, 2023.

Dados Internacionais de Catalogação na Publicação (CIP)
Angélica Ilacqua CRB-8/7057

M875j	Motta, Roberto
	Jogando para ganhar : teoria e prática da guerra política / Roberto Motta. - 2. ed. - São Paulo: LVM Editora, 2023.
	256 p.
	ISBN 978-65-5052-083-0
	1. Ciência política I. Título II. Bifaretti, Laurentino
23-2328	CDD 320.01

Índices para catálogo sistemático:
1. Ciência política

Reservados todos os direitos desta obra.
Proibida toda e qualquer reprodução integral desta edição por qualquer meio ou forma, seja eletrônica ou mecânica, fotocópia, gravação ou qualquer outro meio de reprodução sem permissão expressa do editor.
A reprodução parcial é permitida, desde que citada a fonte.
Esta editora empenhou-se em contatar os responsáveis pelos direitos autorais de todas as imagens e de outros materiais utilizados neste livro.
Se porventura for constatada a omissão involuntária na identificação de algum deles, dispomo-nos a efetuar, futuramente, os possíveis acertos.

Para
Augusto Nunes, Ana Paula Henkel, Guilherme Fiúza, Alexandre Garcia, Clayton Ubinha, Vitor Brown, Gerson Gomes, a equipe técnica e todos os companheiros de *Os Pingos Nos Is*.

Para todos os jornalistas e cidadãos comuns que foram calados, intimidados, processados e presos, no Brasil e no mundo, pelo crime de dar sua opinião.

Para toda a equipe da *Jovem Pan*, que acolheu este novato inexperiente como se fosse parte da família.

Para Tutinha, com gratidão pela confiança e admiração pela coragem.

Para o brasileiro anônimo, que paga as contas de todas as loucuras dos políticos e do Estado: este livro é para você.

Pela liberdade, sem a qual a vida não vale a pena.

Para minha mulher Alexandra e meus filhos João Felipe e Maria Fernanda, razões da minha vida.

Sumário

Prefácio à segunda edição 9
Introdução do autor à segunda edição 17
Prólogo do autor à primeira edição 21

Parte I | A ARTE DA GUERRA POLÍTICA
    A Arte da Guerra Política: Uma análise do
    pensamento de David Horowitz 25
    As *Regras para Radicais* de Saul Alinsky. 55
    A Arte da Guerra Política e os garotos do Leblon. 77

Parte II | A REVOLUÇÃO PERMANENTE
    A Revolução Permanente 87
    A Sociedade do Ressentimento 105
    Marx e seu legado de miséria e opressão. 111
    Uma coleção de apetites 119
    Seria o Fascismo uma ideologia de esquerda? 123
    Nós aqui consideramos. 129
    O mito do cidadão comum na política 131
    Pequeno Manual de Sanidade para Redes Sociais 137
    Livrai-nos de todo o mal: o comunismo e
    a tolerância com o intolerável 143
    No carnaval da impunidade uma sentença
    me deu onda. 149
    Marta, as armas não matam. Quem mata é
    o criminoso. 153
    O engano do Senhor Júlio. 155
    Que tiro foi esse? 157

Você não soube me amar: polícia, intelectuais
e ideologia... 159
Não sabendo que era impossível: a história
do Presídio de Indaial............................. 165
O dia em que encarei o Freixo................... 171

Parte III | DIMENSÕES DA CULTURA
As Seis Dimensões de Hofstede.................. 181

Parte IV | ALÉM DA DEMOCRACIA
Democracia, essa incompreendida................ 231

Bibliografia 251
Agradecimentos..................................... 253

Prefácio da segunda edição
AS CONSEQUÊNCIAS

Roberto Motta

O Brasil que recebe esta segunda edição é muitíssimo diferente do país em que a primeira foi publicada, em 2018.

O principal evento de lançamento da primeira edição ocorreu em julho daquele ano, em uma livraria no bairro carioca do Leblon, no Rio de Janeiro, e foi marcado pela presença de personalidades do mundo político. Uma medida do tamanho das mudanças ocorridas no país desde então é o que aconteceu com alguns dos políticos presentes àquele evento. Alguns saíram do cenário político local e se tornaram figuras nacionais; com outros, aconteceu justamente o contrário: foi enorme a queda sofrida por eles. Foi do mesmo tamanho a decepção de milhões de brasileiros que depositaram na política eleitoral suas esperanças de prosperidade e liberdade.

Para esses milhões de brasileiros, 2018 foi o ano que nunca acabou.

Aquela noite de julho de 2018, no Leblon, foi de alegria. Comemorávamos mais do que o lançamento do meu segundo livro, minha primeira obra editada por uma editora de verdade[1]. Naquela noite, no Leblon — uma das áreas mais ricas da cidade e, ironica-

---

[1]. Meu primeiro livro, *Ou ficar a Pátria livre: Ideias para o bom combate contra pilantras, tiranos e populistas e o Monopólio da Virtude,* fora publicado por mim mesmo com recursos de financiamento coletivo, tiragem limitada e nenhuma distribuição em livrarias.

mente (ou justamente por isso) um dos maiores redutos da esquerda — comemorávamos a *liberdade*.

Aquele Brasil, ainda governado pelo presidente Michel Temer (que assumira a presidência depois do impeachment de Dilma Rousseff), assistira a importantes e positivas mudanças estruturais que nos pareciam ser, na época, *permanentes*. Seria redundante e cansativo listar aqui tudo o que aconteceu, mas talvez seja adequado traçar rapidamente uma linha conectando as manifestações de rua de 2013 (que pediam passe livre, movidas pelo slogan "não é pelos vinte centavos") até aquela noite no Leblon, em 2018.

Como pontos intermediários dessa conexão, figuraram a maciça mobilização e as manifestações pelo impeachment da "presidenta"; a operação Lava Jato, com a resultante ascensão de seus protagonistas ao status de heróis populares; a prisão, como consequência da Lava Jato e de operações similares, de grande número de políticos, inclusive alguns considerados, até então, invulneráveis a qualquer tipo de investigação ou punição; a consolidação das redes sociais como instrumento-chave da comunicação política cidadã e, surpreendentemente, a ocupação do espaço nas redes por personalidades liberais e conservadoras (por personalidades de direita) usando linguagem e técnicas de comunicação em massa (como os memes) até então exclusivas da esquerda[2]; o surgimento ou fortalecimento de instituições e eventos dedicados às ideias liberais e conservadoras, e de grupos políticos direcionados ao público jovem, com posições explicitamente antiesquerda e condução profissional; e, por fim, a tomada gradativa das ruas pelas manifestações verde-amarelas, de caráter oposicionista à hegemonia esquerdista em quase todas as áreas da sociedade civil.

---

2. O ecossistema formado por sites, blogs, canais de YouTube, cursos online e outras iniciativas de personalidades de direita — que incluíam jornalistas, filósofos, escritores, mas, principalmente, pessoas comuns, até então sem maior destaque — ganhou, em pouco tempo, peso significativo, por sua influência na formação e informação da opinião pública.

Esse era o ar que se respirava naquela noite, no Leblon.

Reunidas na livraria — onde mal se conseguia andar, tamanha era a quantidade de gente — estavam vários personagens dessa fase inebriante, confusa, histórica e fascinante.

Duvido que qualquer um de nós, reunidos naquela noite para o lançamento do meu livro, tivéssemos ideia do que iria acontecer nos anos seguintes.

O que aconteceu foi isso: vários dos presentes ao lançamento seriam eleitos nas eleições de outubro daquele ano. Alguns não completariam seus mandatos. Outros, no dia seguinte à eleição, já abandonavam as promessas de campanha e mergulhavam de cabeça no mesmo jogo de poder que criticaram de cima dos carros de som das manifestações.

O que aconteceu foi a vitória, nas eleições de 2018, de um surpreendente número de políticos alinhados — ou que se diziam alinhados — com as ideias políticas liberais e conservadoras — ideias de direita[3].

O maior acontecimento de 2018, claro, foi a eleição para Presidente da República de Jair Bolsonaro, um político que, apesar de uma longa carreira legislativa, estava à margem dos mecanismos de poder baseados no controle da máquina do Estado e na distribuição de benesses e privilégios que sempre regeram as escolhas presidenciais brasileiras (e da maioria dos países latino-americanos, cabe observar).

"Há muito mais entre o céu e a terra do que sonha a nossa vã filosofia", já disse Shakespeare. Não é objetivo deste livro — e muito menos desta introdução — avaliar ou discutir o significado e as consequências da eleição para presidência da República do Brasil de um político que, ousadia das ousadias, se classificava como sendo *de direita*. Serão precisos outros livros — dezenas de volumes —

---

3. Aqui simplificamos, para fins de concisão, um longo debate sobre o que é a direita. Discussões mais profundas podem ser encontradas em várias partes deste livro.

para relatar tudo o que aconteceu desde aquela noite de julho de 2018 até a noite de hoje, em fevereiro de 2023, na qual escrevo este texto.

O que talvez seja necessário e possível dizer aqui — considerando-se que a liberdade para emitir opiniões sobre determinados assuntos se tornou, inesperadamente, e após tantos anos, novamente uma questão incerta — é que a história parece ter percorrido um de seus ciclos. O que era sólido em 2018 se desmancha no ar em 2023. Ficou ainda mais importante conhecer as ideias, os valores e os motivos escondidos por trás de tudo o que testemunhamos, vivemos e sofremos nos últimos anos.

Ideias têm consequências.

Tudo começa com as ideias certas.

Esse sempre foi o ponto de partida desse livro.

JOGANDO *para* GANHAR

TEORIA E PRÁTICA DA **GUERRA POLÍTICA**

O dever mais comum do intelectual é apontar a complexidade das questões e insistir que os fenômenos do mundo das ideias não podem ser reduzidos a slogans ou frases feitas. Mas há uma outra responsabilidade: dizer que algumas coisas são simples e não devem ser mistificadas.

CHRISTOPHER HITCHENS

O servo ideal de um governo totalitário não é o nazista convicto ou o comunista convicto, mas pessoas para quem a distinção entre fato e ficção (isto é, a realidade da experiência) e a distinção entre verdadeiro e falso (isto é, os padrões de pensamento) não existem mais.

HANNAH ARENDT

Introdução à segunda edição
Como ler este livro

Esta edição tem algumas diferenças substanciais em relação à primeira. Todo o texto foi revisado para atualizar referências e corrigir conjecturas e previsões que se revelaram equivocadas, ou afirmações e pensamentos que descobri estarem simplesmente errados. Trechos que perderam relevância também foram removidos, e vários novos artigos foram adicionados.

Partes inteiras foram retiradas, como os capítulos *Sapiens* e *Homo Deus*, sobre as obras homônimas de Yuval Harari. Embora os dois livros de Harari permaneçam relevantes, o grande espaço que sua discussão tomou na primeira edição precisou, na segunda, ser aproveitado com temas mais urgentes. Brevidade tem seus méritos (e seu custo).

O capítulo separado sobre crime também foi eliminado, como resultado da publicação de *A Construção da Maldade*, meu livro mais recente, inteiramente dedicado ao assunto, e que esgota definitivamente meu interesse pelo tema. Foram mantidos apenas alguns ensaios que são especialmente relevantes e não têm correspondentes no livro novo. Esses ensaios, e outros que já existiam na primeira edição, receberam a companhia de novos textos, muitos dos quais foram publicados parcial ou totalmente como artigos na *Revista Oeste*, mas que têm relevância suficiente para fazer parte deste livro.

Os ensaios *A Arte da Guerra Política*, sobre o ideário de David Horowitz, e *As Regras para Radicais*, sobre o livro homônimo de Saul

Alinsky, continuam oferecendo ao leitor brasileiro — até onde sei — material inédito em língua portuguesa sobre dois dos mais influentes pensadores e ideólogos da direita e da esquerda americana, respectivamente. Os dois ensaios, agora reunidos em um único capítulo, formam o núcleo central deste livro, e continuam sendo leitura essencial para quem se aventura pela política profissional (e toda política precisa ser profissional).

Esta nova edição é dividida agora em quatro partes.

Na primeira, *A Arte da Guerra Política*, estão os ensaios sobre Alinsky e Horowitz e a informação essencial — para o cidadão e para o político principiante — sobre estratégias e táticas de ação política.

A segunda parte, *A Revolução Permanente*, traz alguns ensaios que já constavam da primeira edição, na companhia de textos novos. São reflexões sobre política, direitos e ideologia que procuram traduzir questões importantes em linguagem comum. Um dos textos apresenta minha sugestão de regras de conduta para redes sociais, essenciais — na minha opinião — para manter a sanidade em um mundo mergulhado em histeria.

A terceira parte, *Dimensões da Cultura*, continua apresentando ao leitor o trabalho de Geert Hofstede, quase inédito no Brasil, e que traz instrumentos inteiramente novos para uma análise de nossa história e cultura que escapam à camisa de força da discussão ideológica. O conhecimento dessas ideias enriquecerá a perspectiva do leitor.

A última parte, *Democracia, essa incompreendida*, sofreu mínimas alterações e ajustes, e continua apresentando minhas reflexões sobre um sistema político que, tendo se tornado uma vaca sagrada da modernidade, não costuma receber análises críticas compreensíveis pela maioria dos leitores. Foi isso que procurei fazer.

A intenção deste livro continua a mesma: trazer para o cidadão comum — a dona de casa, o trabalhador, o jovem universitário, o motorista, o empreendedor e o empresário — uma melhor compreensão das ideias, fatos e interesses que determinam os rumos de nossas vidas, em linguagem clara e, sempre que possível, apontando suas origens.

    Mais do que nunca em nossa história, conhecimento é liberdade.

Prólogo à primeira edição
LEVANTA E ANDA

Era domingo, e eu almoçava com minha família em um restaurante quando o garçom que nos servia se aproximou de mim. Aqui eu preciso avisar: tenho ótima memória para rostos. Cruzo na rua com pessoas que vi pela última vez há 30 ou 40 anos e as reconheço instantaneamente. Mas tenho dificuldade anormal com nomes. Costumo esquecer os nomes das pessoas poucos segundos depois de ser apresentado a elas. Isso se tornou fonte de angústia e de situações embaraçosas sem fim. Como vivo com a cabeça nas nuvens, também geralmente esqueço de perguntar o nome das pessoas com que estou falando. O fato é que eu não sabia ainda que o nome do rapaz que se aproximou de mim era Rogério.

Ao chegar perto de mim ele disse:

— "Desculpe perguntar, mas o senhor faz uns vídeos?"

Eu levei um susto. Quando me perguntam isso, nunca sei o que vem depois.

— "Faço sim", admiti, meio envergonhado.

— "Já vi muitos vídeos seus", ele disse, mencionando o nome de um canal da internet que reproduzia meu material. E chegando mais perto e falando um pouco mais baixo:

— "Concordo com tudo o que senhor diz".

— "As coisas têm que mudar, não é?" Acho que foi essa a resposta que eu dei.

— "Tem que mudar tudo", Rogério respondeu, "é um absurdo a situação em que vivemos". Ele me contou a história de um outro garçom, colega de trabalho no restaurante — "aquele ali", ele me apontou. O colega tinha uma motocicleta caindo aos pedaços, que era o seu transporte para o trabalho. Há poucos dias, chegando no subúrbio distante em que morava, o colega havia sido rendido por dois criminosos armados — "vagabundos", como os descreveu Rogério — que roubaram a moto.

— "Agora", disse Rogério, "ele toma duas conduções para vir trabalhar".

A experiência de ser brutalizado pelo crime é hoje o denominador comum da brasilidade. É a ponte que supera diferenças sociais. Falar de crime é o assunto que inicia as conversas entre estranhos nas filas de supermercado, nas salas de espera de dentista e nos intervalos para o café nas empresas. As manchetes dos jornais brasileiros só têm dois assuntos: o crime violento dos bandidos de rua e a corrupção organizada dos políticos.

A primeira pergunta na cabeça dos brasileiros é: até onde vai tudo isso?

A segunda pergunta é: que democracia é essa, onde a nossa escolha é entre ser roubado à mão armada ou ser roubado através do voto?

Somos um país que vive de joelhos.

Precisamos fazer algumas perguntas duras, cujas respostas não vão agradar a todo mundo.

Foi para ajudar com essas respostas que escrevi este livro.

Para uma sociedade que só conhece o medo e a mentira é preciso dizer a verdade, contar as histórias, explicar a diferença entre o errado e o certo.

Para um país que está de joelhos, a única coisa que podemos dizer é: levanta-te e anda.

Quem poupa os lobos sacrifica as ovelhas. É preciso restabelecer o domínio da justiça e da verdade. É preciso equipar os homens e mulheres de bem com as ideias corretas.

É preciso jogar para ganhar.

Parte I | A ARTE DA GUERRA POLÍTICA

*E conhecereis a verdade, e
a verdade vos libertará.*

Evangelho segundo João 8,32

A Arte da Guerra Política: Uma análise do pensamento de David Horowitz

O PLANO DE BATALHA DE DAVID HOROWITZ PARA DERROTAR A ESQUERDA E SUAS LIÇÕES PARA LIBERAIS E CONSERVADORES

A maioria dos liberais e conservadores enfrenta a mesma dificuldade quando entra na política: eles são, em sua maioria, trabalhadores, empreendedores, executivos e gestores, gente especializada em produzir, criar negócios, gerar empregos e resolver problemas, não em participar de combates ideológicos ou de batalhas políticas — especialmente batalhas contra a esquerda.

"Eleições são decididas com base nas emoções, e não na razão"[4], diz David Horowitz, um ex-líder da Nova Esquerda americana na década de 60, convertido à causa conservadora, e autor de dois dos livros mais importantes sobre a atividade política como disputa ideológica e moral pelo poder: *A Arte da Guerra Política* e *Plano de batalha para derrotar a Esquerda*. São livros essenciais para quem entra na política armado apenas com boas intenções, sem entendimento algum de como se desenrola a disputa pelo voto (que ainda é o único caminho para o poder em uma sociedade republicana e democrática). Horowitz explica:

---

4. HOROWITZ, David. *Take No Prisoners: The Battle Plan for Defeating the Left*. Washington, D. C.: Regnery Publishing, 2014, p. 1.

> Em uma campanha eleitoral, *mostrar que você se importa com o eleitor* é a questão central. A maior parte dos problemas políticos e de governo são complexos demais para o público. A consequência é que *os eleitores não estão interessados nos detalhes das propostas, eles estão interessados nos candidatos*. [...] os eleitores querem saber *quem* se importa com eles[5].

Eleições sempre envolvem polarização, e dividem as pessoas em dois campos: *nós* e *eles*. Os políticos de esquerda são profissionais nessa prática, enquanto os liberais são, em geral, amadores, que ainda não entenderam que "apelos à razão são rapidamente soterrados pelo barulho terrível do campo de batalha eleitoral"[6], como diz Horowitz.

Trata-se de uma guerra.

Políticos liberais e conservadores, em geral, não conseguem responder aos ataques da esquerda porque costumam falar com os eleitores usando uma linguagem abstrata, indireta e sem emoção. Enquanto isso, diz Horowitz, "os apelos da esquerda são emocionais e baseados em inveja, ressentimento e medo"[7].

É uma *guerra política* assimétrica e injusta, para a qual liberais e conservadores estão, em geral, despreparados. "Como se vence uma guerra quando o inimigo usa bazucas e o seu lado está lutando com palitinhos"[8]? Foi para responder a esta pergunta que David Horowitz escreveu *A Arte da Guerra Política*, um manual de estratégia e táticas para o combate político. É um contraponto ao *Regras para Radicais*, do guru da esquerda radical Saul Alinsky e, de certa forma, também ao *O Cérebro Político*, de Drew Westen, que foi escrito com o objetivo de ajudar o Partido Democrata a derrotar o

---

5. Idem. *Ibidem.*, p. 2.
6. Idem. *Ibidem.*, p. 6.
7. Idem. *Ibidem.*, p. 3.
8. Idem. *Ibidem.*, p. 17.

Partido Republicano. No livro de Horowitz, o Partido Democrata é o inimigo.

Qualquer um que precise entender a política na prática precisa ler esses três livros. A ideia da política como um combate pelo poder ainda é um choque para muitos liberais, que esperam que a atividade política se resuma a um debate civilizado, erudito e tranquilo sobre as questões realmente importantes. Esses debates às vezes acontecem — mas a disputa pelo poder é decidida pelo voto popular, e a maioria das pessoas não tem tempo ou interesse em debates. Elas formam a sua opinião a partir dos *embates*.

Para compreender melhor essa questão, vale a pena examinar a transição pela qual passou a atividade política nos EUA nas últimas décadas. Horowitz explica que durante muito tempo — entre o final da Guerra Civil americana e o início dos anos 70 — a política americana não envolvia quase nenhum elemento de conflito social, ao contrário da Europa, onde a história política sempre foi uma sucessão de confrontos entre socialistas e conservadores que explodiam com frequência em revoluções e guerras civis[9].

Os valores comuns e a interpretação similar do contrato social americano tornavam as escolhas oferecidas pelos dois partidos — Democrata e Republicano — muito semelhantes. As eleições eram decididas com bases em questões práticas, não em debates sobre a própria natureza da república americana. A disputa eleitoral não envolvia drama e paixão como acontecia em outros países; mas esse era o preço a pagar pela estabilidade política e por um senso compartilhado de identidade nacional[10].

---

9. Há quem pense diferente, como Howard Zinn, que em seu livro *A People's History of the United States* descreve a história política dos EUA nos últimos dois séculos como uma sucessão quase ininterrupta de conflitos sociais, muitas vezes extremamente violentos.

10. É irresistível observar que nossas disputas políticas sempre envolveram drama e paixão, e que nunca tivemos estabilidade política ou qualquer senso compartilhado de identidade nacional.

David Horowitz descreve, na primeira parte de *A Arte da Guerra Política*, como isso mudou nos anos 1960, com a entrada de uma esquerda ideológica na cena político-partidária americana[11]. Essa esquerda, vinda do movimento da contracultura, era formada por ativistas radicais e agitadores urbanos que, em 1972, se incorporaram à campanha do candidato George McGovern, em oposição à guerra do Vietnã. Com o escândalo de Watergate e o impeachment de Richard Nixon, esses revolucionários se transformaram no núcleo duro do Partido Democrata americano, que desde então passou a atuar de forma muito semelhante aos partidos europeus de esquerda. O que era um debate civilizado em torno de chá com bolinhos virou uma guerra política.

Essa esquerda ideológica incorporada ao Partido Democrata enxerga direitos — o conceito básico da democracia — como *prerrogativas sociais* (*entitlements*) que podem ser criados por governos. Mas essa é a visão dos revolucionários da Revolução Francesa, diz Horowitz, e não a visão dos Pais Fundadores da Revolução Americana:

> Tanto a Declaração de Independência quanto a Constituição Americana enxergam direitos como legados de um Criador divino, não de governos. Os direitos de "vida, liberdade e busca da felicidade" não são dádivas do Estado, e não podem ser negados por entidades políticas — nem mesmo entidades que representem o povo: esses são direitos inalienáveis. Aos olhos dos Fundadores dos EUA, os governos são criados apenas para garantir os direitos legados pelo Criador[12].

Duzentos anos após a Revolução Americana, David Horowitz diz que as ideias socialistas ameaçam as ideias originais dos funda-

---

11. HOROWITZ, David. *The Art of Political War and Other Radical Pursuits*. Dallas: Spence Publishing Company, 2000, p. 9.
12. Idem. *Ibidem.*, p. 11.

dores da república dos EUA. Essa ameaça toma a forma de uma *guerra cultural*. Nos Estados Unidos de hoje, assim como no Brasil, políticos e militantes de esquerda enxergam a Constituição como um documento mutável e maleável, um instrumento para suas políticas progressistas, políticas essas que provocariam repulsa nos fundadores da república americana[13]. Nos Estados Unidos — assim como no Brasil — uma das táticas políticas da esquerda é a manufatura de "novos direitos", usando para isso não só o Parlamento, mas também o Judiciário[14].

Horowitz diz que a agenda central da esquerda — com seus aumentos de impostos, cotas raciais, bolsa-isso ou bolsa-aquilo — é a "distribuição de renda" com base no preconceito político. "Essa é a ideia socialista essencial"[15].

É claro que os ideólogos da esquerda moderna, ao contrário dos revolucionários clássicos, são mais preparados e pacientes. Ao invés de ler *Revolução na Revolução* de Régis Debray ou o *Manual do Guerrilheiro Urbano* de Carlos Marighella, os militantes esquerdistas modernos — chamados nos Estados Unidos de *liberals* (plural de *liberal*, em inglês) — estão lendo o livro *Regras para Radicais* de Saul

---

13. A diferença é que nossa Constituição é mesmo um documento mutável e maleável. Já tivemos oito constituições nos últimos 200 anos.
14. É o chamado *ativismo judicial*, no qual juízes interpretam a lei de forma completamente diferente do seu significado original, por motivos políticos. O economista e gigante intelectual americano Thomas Sowell faz este comentário no seu livro *Intelectuais e Sociedade*: "Qual a diferença do significado original de uma lei, comparado com outros significados que, posteriormente, possam ser imaginados para ela? É que o significado original já era conhecido por aqueles que precisam obedecer à lei — e as leis são escritas para os cidadãos, não para os juízes. Sujeitar os cidadãos às penalidades da lei por coisas que a lei nunca significou antes é, na verdade, criar leis com efeito retroativo, violando a Constituição e os princípios básicos de nação soberana, cujas leis são criadas apenas por representantes eleitos". SOWELL, Thomas. *Intellectuals and Society*. New York: Basic Books, 2011.
15. HOROWITZ, David. *The Art of Political War and Other Radical Pursuits*. *Op. cit.*, p. 12.

Alinsky. Sua estratégia agora envolve a ocupação de todos os espaços disponíveis na política e na sociedade[16].

1 - A ARTE DA GUERRA POLÍTICA

O primeiro artigo de fé dos conservadores é que o povo é soberano e suas decisões devem ser respeitadas. Diz Horowitz:

> Quando discutimos questões complexas de governo, sociedade ou lei, a realidade é, muitas vezes, difícil de determinar. Os conservadores deveriam saber que ninguém tem o monopólio da verdade, principalmente os políticos que estão no governo. O presidente deve sofrer um impeachment? O salário-mínimo ajuda os desempregados ou destrói empregos? Achamos que sabemos as respostas, mas também temos consciência de que podemos estar errados. Essa humildade é o que nos torna conservadores e democratas. Não acreditamos no Governo dos Ungidos[17]; não acreditamos no direito divino dos infalíveis[18].

O sistema democrático enfrenta as incertezas através de um processo eleitoral. Em uma democracia, ninguém deveria poder decidir o que é verdadeiro e o que é falso sem o consentimento da maioria do eleitorado. Se o eleitorado está errado, apenas o próprio eleitorado pode corrigir seu erro. "Demonstrar respeito pelas deci-

---

16. Maiores detalhes no ensaio *Regras para Radicais*, neste livro.
17. "Visão dos Ungidos" é o termo criado por Thomas Sowell para descrever a postura arrogante, típica dos sistemas políticos de esquerda e de seus mecanismos de planejamento centralizado, que dão a um grupo pequeno o direito de decidir como a maioria deve viver suas vidas.
18. HOROWITZ, David. *The Art of Political War and Other Radical Pursuits. Op. cit.*, p. 4.

sões populares é um imperativo moral e uma necessidade política"[19] nas democracias, diz Horowitz.

A capacidade de influenciar a opinião do eleitorado é vital. A guerra política é o resultado da colisão de visões diferentes do mundo. Quando um dos lados tem medo de enfrentar essa guerra, seu adversário pode conseguir a vitória mesmo enfrentando evidências avassaladoras contra suas práticas éticas ou morais. Foi o que aconteceu quando o eleitorado americano recusou o impeachment de Bill Clinton, mesmo com todas as evidências de que ele havia cometido perjúrio, e de que estava envolvido em um escândalo sexual com a estagiária Monica Lewinski. A mesma coisa aconteceu no Brasil quando o PSDB e outros partidos de oposição resolveram não pedir o impeachment do então presidente Luiz Inácio Lula da Silva diante do escândalo do mensalão. O resultado é conhecido de todos: Lula fortaleceu seu projeto de poder e ainda fez sua sucessora. A lição de Horowitz é clara: "No combate político, se apenas um lado está atirando, o outro lado logo estará morto"[20].

No processo de definição das questões políticas que serão levadas ao eleitor, a forma de descrevê-las e verbalizá-las faz toda a diferença. As batalhas devem ser travadas em termos que o público possa acompanhar. Na batalha do impeachment de Bill Clinton, por exemplo, os republicanos utilizavam argumentos jurídicos sofisticados, enquanto os argumentos dos democratas eram essencialmente políticos: a privacidade de Clinton tinha sido invadida e os promotores do caso abusaram de seus poderes. Tratava-se claramente de um ataque pessoal que tinha o presidente como alvo. Da mesma forma, durante o processo criminal que condenou Lula, o principal argumento dos seus partidários não era que Lula era inocente; o bordão repetido incansavelmente era: "não há provas".

---

19. Idem. *Ibidem.*, p. 5.
20. Idem. *Ibidem.*, p. 6.

"Em uma dem ocracia", observa Horowitz, "o primeiro, e talvez o único, princípio da guerra política é que aquele que fica do lado da vítima, do lado do povo, vence"[21]. Seria por isso, segundo Horowitz, que os republicanos perdem frequentemente as batalhas políticas para os democratas. "Os republicanos se preocupam com os problemas, enquanto os democratas se preocupam com a política"[22].

O primeiro passo para melhorar a sociedade e influenciar os destinos do país é colocar o foco em vencer a batalha política. Boas intenções e preparo intelectual não bastam. Como eu mesmo já expliquei há uma grande quantidade de ativistas políticos bem-intencionados, principalmente liberais, sem ganhar a batalha política você jamais conseguirá o poder necessário para cuidar dos problemas do país.

Essa é a grande dificuldade a ser enfrentada pelos novatos na política, especialmente os bem-intencionados que vêm do mundo empresarial. Para essas pessoas o importante é cuidar dos problemas; é para isso que elas foram treinadas, e é nos problemas que está o foco dos seus esforços. A maioria delas nunca chegará a nenhuma posição de poder. Por outro lado, o mundo político no Brasil e nos EUA está cheio de pessoas que nunca tiveram qualquer experiência prática em dirigir organizações, gerenciar pessoas, implantar projetos ou cuidar de orçamentos, mas que entendem o combate político de forma intuitiva e altamente profissional. São essas pessoas que chegarão ao poder.

"Existe uma diferença entre política, que consiste no conflito eleitoral, e políticas de Estado, que tratam da forma de governar"[23]. Liberais e conservadores tendem a ser muito bons em políticas de Estado, mas ruins quando se trata de política.

---

21. HOROWITZ, David. *The Art of Political War and Other Radical Pursuits. Op. cit.*, p. 8.
22. Idem. *Ibidem.*, p. 9.
23. HOROWITZ, David. *Take No Prisoners. Op. cit.*, p. 108.

2 - OS PRINCÍPIOS

Horowitz enumera seis princípios da guerra política que a esquerda conhece muito bem, mas que liberais e conservadores geralmente ignoram. São eles:

- Política é guerra conduzida por outros meios.
- Política é uma guerra de posicionamento.
- No combate político, quem está na ofensiva geralmente vence.
- Uma posição é definida por medo e esperança.
- As armas da política são os símbolos que evocam medo e esperança.
- A vitória estará com aquele que está do lado do povo[24].

Horowitz faz um alerta: a política acontece dentro de um contexto, e suas regras não podem ser aplicadas de uma forma rígida. Tendo isso em mente, vamos examinar cada um dos princípios em detalhe.

1) Política é guerra conduzida por outros meios

"Na guerra política você não luta apenas para ganhar uma discussão, você luta para destruir a capacidade de luta do inimigo"[25], explica Horowitz. Você tem apenas 30 segundos para passar a sua mensagem. Pior ainda, enquanto você apresenta seus argumentos, seus adversários já te apresentaram como uma pessoa má, quase racista e controlada por fanáticos religiosos e milionários. A mensagem é clara: "Política é guerra. Nunca esqueça isso".

---

24. HOROWITZ, David. *The Art of Political War and Other Radical Pursuits. Op. cit.*, p. 10.
25. Idem. *Ibidem.*, p. 10.

2) Política é uma guerra de posicionamento

Política é guerra, e as posições são importantes. "Em uma guerra existem apenas dois lados: amigos e inimigos. Seu desafio é conseguir uma base de apoio tão ampla quanto possível e que seja compatível com seus princípios, ao mesmo tempo em que você define seu oponente como um inimigo"[26], diz Horowitz. Escolha o terreno mais favorável ao seu combate, e tenha cuidado para não parecer mal-intencionado ou arrogante. É fundamental também escolher os combates em que você se envolve — há disputas que não valem a pena.

3) No combate político, quem está na ofensiva geralmente vence

Segundo Horowitz, "a ofensiva é vantajosa porque a política é uma guerra de posições, que são definidas por imagens fortes"[27]. Atirando primeiro, você pode definir os temas e os seus adversários. Definir quem são seus oponentes é um movimento decisivo na guerra política. Quem fica na defensiva geralmente perde.

4) Uma posição é definida por medo e esperança

Só se luta uma guerra com armas. Uma posição na guerra política é definida pelo uso do medo e da esperança, uma técnica que a esquerda domina com perfeição — o primeiro discurso do presidente eleito Lula, em 2002, continha a frase "A esperança venceu o medo"[28]. David Horowitz explica o uso dessas armas:

---

26. Idem. *Ibidem.*, p. 11.
27. Idem. *Ibidem.*, p. 12.
28. Mais reveladora ainda foi a declaração dada ao final do discurso, quando Lula disse: "Quero agradecer a alguns companheiros que sem vocês eu não teria sido o 'Lulinha paz e amor' dessa campanha". Disponível em http://www1.folha.uol.com.br/folha/brasil/ult96u41584.shtml (acesso em 11 de maio de 2018).

> As emoções gêmeas da política são medo e esperança. Aqueles que dão esperança ao povo se tornam seus amigos; aqueles que inspiram medo se tornam inimigos. Esperança é a melhor escolha. Oferecer esperança ao povo e ser o provedor dessa esperança permite que você amplie sua base de apoio. Mas o medo é uma arma poderosa e indispensável[29].

Ao usar o medo como arma, é conveniente deixar que seus aliados façam o trabalho sujo. Saber quando e como usar o medo como arma é uma arte.

5) As armas da política são os símbolos que evocam medo e esperança

Aqui Horowitz faz a afirmação mais importante de todas. Essa é uma frase que deve ser escrita em um pôster e pendurada nos comitês eleitorais de todos os candidatos, especialmente dos partidos que se classificam liberais. Diz Horowitz:

> O símbolo mais importante é o candidato. É preciso perguntar: o candidato, na sua própria pessoa, inspira medo ou esperança? Os eleitores querem saber: o candidato é alguém que se importa com pessoas como eu? Será que eu gostaria de sentar ao lado dele em um jantar[30]?

Na guerra política, especialmente no combate eleitoral para posições de muito poder, o estilo pessoal é tão importante quanto as propostas políticas. O estilo pessoal é tão importante quanto a estratégia.

---

29. HOROWITZ, David. *The Art of Political War and Other Radical Pursuits. Op. cit.*, p. 12.
30. Idem. *Ibidem.*, p. 14.

Os exemplos são muitos. John Kennedy, que era "um parlamentar relativamente inexperiente, e um senador medíocre"[31], ganhou a eleição para presidente simplesmente citando problemas e repetindo a frase "podemos fazer melhor do que isso". Como isso foi possível? Horowitz explica: ele conseguiu isso, em parte, porque era bonito, espirituoso, jovem e charmoso — e não era um radical. Malcolm Gladwell, em seu livro *Blink*, conta a história de Warren Harding, um político americano que "não era particularmente inteligente"[32] e que demonstrou desempenho medíocre nos cargos que ocupou, mas foi eleito presidente dos Estados Unidos da América principalmente porque tinha — veja só — porte e estilo presidenciais.

"Ninguém ganha uma batalha política apresentando-se como uma pessoa difícil, chata, ressentida e superior", diz Horowitz. Uma boa tática é se apresentar da forma oposta. "É preciso convencer as pessoas de que você se importa com elas, antes que elas se importem com o que você tem a dizer"[33].

Quando você falar, lembre-se de que tudo o que você tem a dizer deve caber em uma única frase curta. "Seja qual for a sua mensagem, ela deve ser transmitida em voz alta e de forma clara. Sua mensagem deve ser simples e curta — uma frase de efeito é sempre a melhor opção"[34]. Ela deve ser repetida sempre que possível. Ela deve aparecer na televisão, nas suas entrevistas no rádio e nas suas páginas da internet.

Os seus apoiadores, que já conhecem você, terão um papel importante em suas batalhas políticas. Sua mensagem para eles é importante, mas não vai decidir as eleições. Quem decidirá as eleições é um público que não te conhece. É preciso descobrir esse

---

31. Idem. *Ibidem.*, p. 14.
32. GLADWELL, Malcom. *Blink: The Power of Thinking Without Thinking.* New York: Back Bay Books, 2005, p. 73.
33. HOROWITZ, David. *The Art of Political War and Other Radical Pursuits. Op. cit.*, p. 14.
34. Idem. *Ibidem.*, p. 14.

público, e fazer com que ele receba uma mensagem que o convença a apoiar você.

"Com esse público", explica Horowitz, "você nunca terá tempo suficiente para debates reais ou para análises longas. As imagens — símbolos e frases de efeito — vão prevalecer. Por isso é absolutamente essencial focar a sua mensagem e repeti-la sempre que possível"[35]. Um candidato que tem muitas mensagens não tem nenhuma. A mesma lógica se aplica ao partido como um todo.

O que Horowitz tem a dizer não é o que muitos candidatos estão preparados para ouvir, especialmente candidatos liberais ou conservadores que estão vivendo sua primeira experiência na política eleitoral. Muitos desses candidatos acreditam que a pureza de suas intenções e sua determinação genuína em usar a política como meio de melhorar a vida de todos é tudo o que eles precisam. Candidatos com esse perfil tendem a demonstrar preconceito contra estratégias eleitorais, que eles consideram uma forma de populismo. Para esses candidatos, o combate eleitoral faz parte da famigerada *política profissional*, que eles juraram combater.

Nada mais distante da verdade. Saul Alinsky, o grande estrategista da esquerda americana, em seu livro *Regras para Radicais*, cita Alexander Hamilton para dizer que "poder é a habilidade de fazer algo". Sem conquistar o poder, um candidato não consegue fazer nada. E o poder se conquista nas batalhas políticas.

Nessas batalhas, diz Horowitz, "símbolos e frases de efeito determinam os votos"[36]. Nenhum eleitor de verdade tem tempo, disposição ou vocação para se debruçar sobre os detalhes das plataformas e dos planos de todos os candidatos para escolher em quem votar. Os símbolos e frases de efeito penetram no inconsciente, antes que os eleitores consigam raciocinar — e é disso que eles lembram. São essas impressões rápidas e fortes que permanecem, e que definem o candidato. Vale a pena destacar o que diz Horowitz:

---

35. Idem. *Ibidem.*, p. 15.
36. Idem. *Ibidem.*, p. 16.

Palavras e frases curtas, cuidadosamente escolhidas, são mais importantes do que parágrafos, discursos, programas partidários e manifestos. As imagens que você projeta como candidato são percebidas como a sua essência[37].

6) A vitória estará com aquele que está do lado do povo

Esse é o princípio que fundamenta todos os outros. "O candidato deve se definir de uma forma que as pessoas possam entender"[38]. É preciso fazer com que os eleitores torçam por sua vitória, e tenham medo da vitória do seu concorrente. Horowitz explica como:

> Você consegue isso identificando-se, e identificando o que você propõe, com os mais fracos e com as vítimas, com as minorias e com os desfavorecidos, com as pessoas comuns"[39].

É exatamente isso o que a esquerda faz o tempo inteiro. Cada movimento político da esquerda é um esforço para repetir: estamos preocupados com as mulheres, crianças, minorias, com os trabalhadores e com os pobres. Não interessa que a maioria das políticas implantadas pela esquerda resulte no aumento da pobreza, no atraso político e cultural e no subdesenvolvimento. Não importa o fato de que, nas últimas décadas, a esquerda brasileira tenha se aliado aos setores mais corruptos e atrasados da política. A estratégia da esquerda na guerra política permanece sempre a mesma: em cada sindicato, escola, centro cultural, exposição de arte ou órgão público existe um ativista de esquerda falando em "combater

---

37. Idem. *Ibidem.*, p. 16.
38. Idem. *Ibidem.*, p. 16.
39. Idem. *Ibidem.*, p. 16.

a desigualdade" e "dar de comer a quem tem fome". Enquanto isso, em salões refrigerados de escritórios da Avenida Paulista e do Leblon, liberais discutem taxas de juros e sistemas de trocas voluntárias. Adivinha quem vai ganhar o voto no dia da eleição?

Horowitz identifica o mesmo problema nos Estados Unidos, onde a esquerda é representada pelo Partido Democrata e os liberais e conservadores pelo Partido Republicano. O conselho que ele dá aos republicanos é exatamente o conselho que os liberais e democratas brasileiros, em geral, precisam ouvir. É necessário transformar a campanha em uma cruzada por uma causa justa. "Em uma democracia, a causa justa que acende as paixões das pessoas é a causa do povo"[40]. A ideia de justiça para todos é a motivação mais poderosa; ela vai energizar as suas tropas e criar as campanhas necessárias para vencer a guerra política.

Em um dos trechos que podem ser considerados mais polêmicos do livro, Horowitz dá conselhos bem específicos sobre a adequação às exigências do politicamente correto: "se você é um homem branco e heterossexual em uma cultura cujos símbolos foram definidos por esquerdistas, tenha cuidado quando sair na ofensiva, e faça um esforço para trabalhar com aliados que não sejam nem homens e nem brancos"[41].

3 - A PRÁTICA: ESCOLHENDO OS NOMES CORRETOS

Redução da desigualdade é uma das expressões de efeito que definem a atuação dos políticos de esquerda. Outra é *justiça social*, um termo vazio de significado verdadeiro — já que toda justiça é social — mas que é uma arma tão poderosa que já entrou na linguagem comum, e é usada até por políticos cujas ideias nada têm a ver com as ideias da esquerda.

---

40. Idem. *Ibidem.*, p. 17.
41. Idem. *Ibidem.*, p. 14.

Essas duas frases são usadas para demonizar o sistema capitalista — o sistema mais bem-sucedido da história, e que tirou bilhões de pessoas da pobreza no mundo inteiro — como um sistema desigual e injusto.

Qual é a frase de efeito que os liberais utilizam para contra-atacar? Não me lembro de nenhuma.

Prestem atenção no que diz Horowitz. Não se trata de um debate racional. Não se trata de uma análise detalhada de indicadores de desenvolvimento ou de um exame de dados estatísticos. Não é uma discussão que pode ser vencida. "Estamos falando de uma imagem que é gravada na mente das pessoas como uma verdade irrefutável"[42]. Os slogans usados pela esquerda definem os liberais, e todos os outros políticos que não são de esquerda, como ricos, arrogantes e exploradores do povo. Não se trata de um argumento que precisa ser explicado ou justificado. É simplesmente uma arma na guerra política. Quem usa essa arma ganha uma vantagem enorme sobre o inimigo; ganha até o direito, como já fizeram Jandira Feghali e Jean Wyllys, de serem fotografados voando de *business class* para a Europa sem sofrer qualquer prejuízo à sua imagem.

O combate às frases de efeito incentivadoras da luta de classes, usadas pela esquerda, não é feito com contra-argumentação ou com apelos à razão, diz Horowitz. Citando o caso do Partido Democrata americano ele explica que:

> As pessoas que foram atingidas pela frase de efeito jamais vão prestar atenção ao argumento em contrário, ou à evidência de que esses slogans são mentirosos. Existe muito ruído na comunicação. Nunca subestime a dificuldade de levar uma mensagem política até as pessoas. A única resposta efetiva contra uma frase de efeito é outra frase de efeito[43].

---

42. Idem. *Ibidem.*, p. 18.
43. Idem. *Ibidem.*, p. 18.

O mesmo princípio usado na criação de frases de efeito efetivas pode ser aplicado em outras questões como, por exemplo, nos nomes dados a projetos de lei ou iniciativas políticas. Alguns dos melhores exemplos da habilidade da esquerda com as palavras estão na área da legislação criminal. A posição dos políticos de esquerda, de uma forma geral, é clara para quem faz um exame, ainda que superficial, de sua atuação e de suas propostas em segurança pública. A esquerda brasileira defende com unhas e dentes a imagem do criminoso como vítima da sociedade, um bom selvagem que cometeu o crime apenas porque a ele foram negadas as oportunidades que eram suas por direito. A culpa do crime é sempre da sociedade, e punir o criminoso — especialmente puni-lo com pena de prisão — é quase um crime contra a humanidade.

As iniciativas de lei propostas pela esquerda são sempre no sentido de tornar a legislação mais permissiva, dificultando o combate ao crime pela polícia, pela justiça criminal e pelo sistema prisional. No entanto, os nomes com os quais a esquerda batiza as suas iniciativas indicam justamente o contrário — e é com base nesses nomes, nesses sinais falsos, que muita gente decide o seu voto.

A esquerda é responsável por uma das iniciativas de lei mais equivocadas da história da humanidade, que não permite que criminosos com menos de 18 anos sejam punidos. Essa legislação determina que esses criminosos não podem ser presos; eles são *apreendidos*; não recebem sentenças de prisão, mas de *internação para cumprimento de medidas socioeducativas*. É tudo uma monstruosa farsa, já que o Estado brasileiro não tem condição alguma de dar tratamento socioeducativo (seja lá o que for isso) a criminoso algum. De acordo com essa lei, nenhum criminoso que tenha menos de 18 anos pode ficar internado mais de 36 meses. As internações são revistas a cada três meses, e a liberação do criminoso não é decidida com base na gravidade do seu crime, mas simplesmente com base no seu comportamento quando internado — e como todo promotor de justiça sabe, os criminosos mais violentos na rua são os mais pacatos quando presos.

A consequência é a impunidade total. Os criminosos que aterrorizam nossas cidades sentem-se à vontade para cometer qualquer crime, sabendo que, mesmo que sejam presos, estarão de volta às ruas em pouco tempo. *No Rio de Janeiro o tempo médio de internação de um criminoso com menos de 18 anos que comete um homicídio é de oito meses.* Mudar essa história absurda e bárbara é extremamente difícil, e uma das razões dessa dificuldade é o nome escolhido pela esquerda para batizar a principal legislação sobre o assunto: Estatuto da Criança e do Adolescente. Esse estatuto é declaradamente baseado em um certo *Princípio da Proteção Integral.* Quem, em sã consciência, poderia ser contra leis e princípios com nomes tão nobres? Pensem também no Estatuto do Desarmamento, um nome nobre que esconde intenções nefastas e uma ineficiência criminosa, já que se trata de uma lei que impede o acesso do cidadão de bem a armas de fogo, mas que não tem efeito absolutamente nenhum contra os criminosos, que, no Brasil, continuaram com acesso livre às armas mais pesadas e sofisticadas.

Apesar disso tudo, políticos de esquerda ainda conseguem convencer a população de que são defensores das minorias e dos pobres. Como eles conseguem isso? Horowitz responde:

> Obviamente, eles não conseguem isso ajudando as minorias ou os pobres, pois a única coisa que fazem por eles é jogar-lhes as migalhas da mesa do governo. Esquerdistas conseguem suas vitórias políticas atacando os conservadores e os ricos, chamando-os de alienados e opressores. Os esquerdistas pintam os conservadores como inimigos das minorias e dos pobres [...] e os acusam de racismo. Ao demonizar os conservadores e a riqueza, eles conseguem fingir que são amigos das minorias e dos pobres, ao mesmo tempo em que os condenam à dependência e os exploram para ganho político[44].

---

44. HOROWITZ, David. *Take No Prisoners. Op. cit.*, p. 59.

Tudo está nas palavras — no uso cínico das palavras. Os políticos de esquerda criam uma legislação que restringe a liberdade de expressão e coloca o controle da internet nas mãos do Estado, e a batizam de "Marco Civil da Internet". Reparem no uso estratégico da palavra "civil". Será que haveria também um marco "militar"?

Os verdadeiros defensores da liberdade precisam aprender a usar a linguagem a seu favor, ou a guerra está perdida antes de começar. A coisa é séria. Horowitz dá outro exemplo poderoso: a mudança, nos Estados Unidos, do significado da própria palavra *liberal*, que lá passou a significar — vejam só — um posicionamento de esquerda.

4 - O COMBATE

O combate político nada tem a ver com argumentos intelectuais ou mesmo com princípios. O combate político é uma luta absoluta pelo poder, diz Horowitz:

> Você não destrói um oponente sendo mais esperto do que ele em um debate político; a única forma de atingi-lo é seguir a recomendação de Lenin: "em conflitos políticos, o objetivo não é refutar os argumentos do seu oponente; o objetivo é eliminá-lo da face da Terra"[45].

Utilizar ataques pessoais para destruir o oponente é uma das práticas mais comuns da guerra política, e a tática preferida da extrema-esquerda. A intenção não é encontrar a melhor solução para o transporte público, ou achar uma forma de reduzir os assaltos nas ruas. Essas questões são meras desculpas para atacar adversários e conquistar posições.

---

45. Idem. *Ibidem.*, p. 24.

"A questão nunca é a questão", explica David Horowitz, "a questão é sempre o poder"[46].

Ao mesmo tempo "combater do lado dos anjos é importante, quando você entra em uma batalha política"[47]. O discurso político tem que incluir tolerância e compaixão, preocupação com as minorias e com aqueles que são vulneráveis. "Quando os democratas se manifestam politicamente", diz Horowitz, "cada palavra é um apelo por mulheres, crianças, minorias, trabalhadores ou pobres"[48].

A retórica da esquerda fala direto com a população sobre coisas que eles entendem. Estamos tratando das vidas reais de pessoas de carne e osso, com as quais é preciso estabelecer uma conexão que deve vir do coração. Se essa comunicação é percebida como sincera, ela imediatamente define o político como um amigo. Os políticos de esquerda são mestres nisso, e não têm medo de recorrer a mentiras e ao populismo barato, quando necessário.

Enquanto isso, Horowitz descreve assim a comunicação dos políticos liberais e conservadores:

> [Eles] usam linguagem abstrata para falar sobre doutrinas jurídicas e sobre orçamentos. Eles falam como empresários, advogados e contabilistas. Eles debatem as virtudes dessa ou daquela questão tributária. Eles discutem os impostos sobre o ganho de capital, mas a maioria da população nem sabe o que é capital, quanto mais ganhos de capital[49]. [...] Ninguém entende como a economia funciona, o que é um sistema de incentivos ou qual a diferença entre a bolsa de valores e um cassino[50].

---

46. Idem. *Ibidem.*, p. 46.
47. HOROWITZ, David. *The Art of Political War and Other Radical Pursuits. Op. cit.*, p. 29.
48. Idem. *Ibidem.*, p. 29.
49. Idem. *Ibidem.*, p. 29.
50. Idem. *Ibidem.*, p. 30.

Essa é a situação nos Estados Unidos da América, o país mais rico e poderoso do mundo. Agora pensem no Brasil.

É preciso materializar as discussões, simplificá-las e falar dentro da experiência de vida das pessoas — aliás, uma recomendação de Saul Alinsky. Examinemos, por exemplo, a educação pública. Tanto nos EUA quanto no Brasil, o sistema educacional é motivo de discussões e disputas políticas. Nos dois países o modelo defendido pela esquerda é dominado pelos interesses ideológicos dos políticos e pelo corporativismo dos sindicatos de professores — os alunos sempre ficam em segundo plano. O Brasil é um dos últimos colocados no teste PISA, que mede o aproveitamento escolar em vários países. David Horowitz lembra que a resposta apropriada para essa situação não é entrar em um debate público com a esquerda, discutindo alternativas e detalhes que o grande público não tem interesse ou preparo para acompanhar. A resposta adequada é expor a *hipocrisia* da esquerda.

Não tem sentido, como tática política, insistir, por exemplo, em falar de *vouchers*. *Vouchers* são uma forma de conceder bolsas de estudo para que os pais possam matricular seus filhos nas escolas que eles mesmo escolherem, ao invés de ter que recorrer obrigatoriamente às escolas do Estado. O problema é que a maior parte das pessoas não tem a mínima ideia de como isso funcionaria. Até a palavra *voucher* é ruim; ela soa como um estrangeirismo elitista.

Qual seria, então, a forma mais eficiente de enfrentar a hipocrisia e incompetência da esquerda quando o assunto é educação? Horowitz sugere lembrar à população que a maioria dos políticos de esquerda coloca seus filhos em escolas particulares[51], ao mesmo tempo em que pretende forçar que a população coloque suas crianças em escolas públicas.

Seu diagnóstico sobre a situação do sistema educacional americano se aplica ao Brasil[52]:

---

51. Idem. *Ibidem.*, p. 32.
52. O Brasil gasta proporcionalmente com educação o mesmo que os Estados

> O problema não é dinheiro. O problema é que as escolas públicas são um monopólio criado para beneficiar os professores e os sindicatos, que não penaliza o erro e não incentiva a mudança[53].

Liberais e democratas precisam entender que sua vida não é fácil em lugar algum. "A imprensa tem enorme preconceito contra políticas conservadoras"[54], lembra Horowitz. Nos Estados Unidos, mais de 90% dos jornalistas de Washington votaram em Bill Clinton. A situação não parece muito diferente no Brasil. "Isso significa que cada nova iniciativa de política pública conservadora deve ser acompanhada de uma campanha de massa na mídia"[55], recomenda Horowitz.

Sua análise da guerra cultural americana e do cenário político dos EUA tem correlação direta com o que observamos hoje no Brasil:

> Paternalismo na assistência social, regulação, impostos e cotas raciais, alta criminalidade urbana, [...] e burocracias educacionais que crescem como metástases estão oprimindo os pobres, as minorias e as crianças e destruindo suas oportunidades[56].

Horowitz aconselha aos políticos liberais e conservadores a explicar de forma direta como suas políticas e princípios — impostos menores, possibilidade de os pais escolherem a escola dos filhos, ruas seguras e responsabilidade individual — criam uma chance de sucesso para todos.

Unidos, aproximadamente 6% do PIB.
53. HOROWITZ, David. *Take No Prisoners. Op. cit.*, p. 98.
54. HOROWITZ, David. *The Art of Political War and Other Radical Pursuits. Op. cit.*, p. 33.
55. Idem. *Ibidem.*, p. 33.
56. Idem. *Ibidem.*, p. 35.

> Dar poder às minorias, aos pobres e aos trabalhadores colocando o dinheiro necessário para a educação direto nas mãos deles (ao invés de entregar esse dinheiro a burocratas, sindicatos e diretores de escolas incompetentes) é o passo legislativo mais importante para liberar esses grupos das amarras criadas pela esquerda[57].

Crime precisa estar no centro da agenda política. Observem que a palavra é *crime*, e não *violência*. Violência é um termo paliativo, usado de forma ideológica para eliminar a responsabilidade individual do criminoso. A violência pode ser moral, legal e útil — quando, por exemplo, é empregada pelas autoridades para deter um criminoso que ameaça uma família. Já o crime é sempre ilegal e prejudicial. "A proteção dos cidadãos obedientes à lei de ameaças à sua segurança é a responsabilidade mais importante de um governo"[58].

Responsabilidade individual está na base de todas as posições da guerra política. Responsabilidade individual significa que indivíduos devem conquistar empregos e oportunidades de educação com base no seu mérito, e não com base em sua etnia ou seu gênero. Esse é o princípio mais básico de não-discriminação e justiça para todos.

Horowitz deixa claro que o problema com os liberais em geral (o que inclui o Partido Republicano americano) é que eles não entenderam ainda

> [...] "que a política é uma guerra conduzida por outros meios; uma guerra de posicionamento; e que você só consegue vencer se conectar suas propostas diretamente com os interesses de mulheres, crianças, mino-

---

57. Idem. *Ibidem.*, p. 36.
58. Idem. *Ibidem.*, p. 37.

rias, trabalhadores e pobres. Em uma democracia você precisa ficar do lado dos mais fracos"[59].

Essa é a linha mestra da ação política em uma república democrática baseada no voto universal — se você quer chegar ao poder. Vamos repetir a orientação de Horowitz:

> A arte da política é convencer pessoas que você não conhece, e que jamais saberão qualquer coisa sobre você, a não ser através de símbolos e frases de efeito, que você se importa com elas[60].

A frase acima pode ser a mais importante deste livro. Em uma disputa eleitoral o tempo é tudo:

> Na guerra política, as armas são palavras e símbolos porque não há tempo de levar até os eleitores discussões complexas — nem mesmo discussões simples. Nessas circunstâncias, uma frase, um símbolo e um gesto é tudo o que você tem[61].

"Fazer política significa ganhar eleições e implantar programas"[62], diz Horowitz. Fazer política significa formar e manter alianças. É preciso unir pessoas que discordam umas das outras. Fazer política significa negociar e saber quando ceder. "O problema do purismo político está sempre presente. A razão para isso é que muitas pessoas confundem política com religião. Política é a arte do possível; religião é a busca do ideal"[63], diz Horowitz.

---

59. Idem. *Ibidem.*, p. 38.
60. Idem. *Ibidem.*, p. 38.
61. Idem. *Ibidem.*, p. 39.
62. Idem. *Ibidem.*, p. 46.
63. Idem. *Ibidem.*, p. 47.

A negociação é a base de soluções que não envolvem autoritarismo ou regimes totalitários. Essa é a essência do regime republicano democrático. O purismo exagerado impede qualquer ação política efetiva. O mundo não é perfeito, e ninguém tem o monopólio da virtude ou da verdade.

5 - AÇÃO E REAÇÃO

Horowitz levanta uma das questões mais importantes quando fala das diferentes razões pelas quais esquerdistas e liberais se envolvem com política. Seu diagnóstico é preciso e muito bem articulado. Os liberais querem gerenciar organizações; os esquerdistas querem *transformar* as organizações. Os liberais querem ir à Brasília para melhorar a gestão do Estado brasileiro; os esquerdistas assumiram a missão de consertar o mundo.

A agenda liberal é majoritariamente negativa: os liberais querem enxugar o Estado, reduzir impostos e eliminar regulações.

Os esquerdistas são missionários. "Eles querem fazer do mundo um lugar melhor. Mesmo sua agenda negativa vem de uma ambição positiva: criar uma espécie melhor de ser humano, salvar o povo de si mesmo. Eles acreditam que são redentores da sociedade e do governo"[64]. Como eles consideram sua missão nobre e fundamental, eles dão grande importância à vitória eleitoral. Com os liberais a situação é completamente diferente: se um candidato liberal não for eleito, eles sempre podem retornar para sua profissão e sua vida. A política não é, para os liberais, uma questão de vida ou morte, como é para os esquerdistas. Eles sempre podem voltar para a iniciativa privada. Consertar o Estado é importante, mas não é uma questão de vida ou morte para os liberais — enquanto, "para os esquerdistas, cada eleição é uma batalha que precisa ser vencida de qualquer forma"[65].

---

64. Idem. *Ibidem.*, p. 50.
65. Idem. *Ibidem.*, p. 51.

"A verdade", diz Horowitz, "é que os Republicanos (e aqui no Brasil, os liberais e conservadores) se importam [com os problemas do povo] e têm soluções. O que eles não têm é a menor ideia de como apresentar esses programas ao eleitorado de forma a conquistar sua confiança. Eles não têm ideia de como lutar a batalha política"[66].

De que forma os políticos que não são de esquerda podem reagir a essa situação e conseguir passar sua mensagem ao eleitorado? Para Horowitz a reação começa com "uma campanha igualmente emocional, que coloca os agressores de esquerda na defensiva e usa a mesma linguagem moral para acusá-los, mostrando como são eles que oprimem as mulheres, as crianças, as minorias e os pobres"[67].

Horowitz explica por onde a esquerda começa o debate político. "Primeiro, eles atacam a reputação dos seus oponentes"[68]. Ele dá um exemplo do tipo de mensagem que poderia ser usada pelo Partido Republicano para neutralizar a confiança que o público coloca, de forma errada, no Partido Democrata, quando o assunto é educação:

> O Partido Democrata vem destruindo a educação pública nos últimos 50 anos, com excesso de burocracia, incompetência e políticas que só beneficiam os sindicatos. Nas grandes cidades as escolas públicas não conseguem formar nem 50% dos estudantes que fazem parte de minorias. A falta de estudo leva a uma vida de pobreza. No passado, as escolas públicas eram o caminho do sucesso para os imigrantes e os pobres. Agora elas se tor-

---

66. Idem. *Ibidem.*, p. 53.
67. HOROWITZ, David. *Take No Prisoners: The battle plan for defeating the Left.* Regnery Publishing, 2014, p.11.
68. HOROWITZ, David. *The Art of Political War and Other Radical Pursuits. Op. cit.*, p. 55.

naram becos sem saída para crianças sem futuro. Nenhum dos parlamentares democratas no Congresso matriculou seus filhos em uma escola pública[69].

Enquanto os liberais se preocupam em explicar a verdade sobre como funcionam a economia, a justiça e o combate ao crime, os esquerdistas estão ocupados atacando o caráter dos seus oponentes. Liberais e conservadores não são diferentes dos esquerdistas apenas em sua visão do mundo; a diferença também está no próprio significado da atividade política, como explica Horowitz:

> Progressistas não entram para a política apenas para melhorar o governo ou tratar de problemas sociais. Eles são *missionários* que querem *mudar* a sociedade e *resolver* os seus problemas. Sua missão é criar uma estrutura completamente diferente, que eles chamam de *justiça social*[70].

A esquerda reivindica o monopólio da virtude, e teve tanto sucesso nisso que a maior parte das pessoas que se declaram "de esquerda" não tem a menor ideia do que isso significa — apenas sabem que, socialmente, é a única posição aceitável. Fiz um vídeo sobre isso, cujo título era *Sou de Esquerda, mas não sei o que isso significa*[71]. O vídeo é de abril de 2016, e continua atual. A santidade autoconcedida da esquerda lhe dá carta branca para usar de todos os meios para chegar ao poder e se manter lá, e danem-se a moral e a ética. Saul Alinsky já disse que "o ato mais antiético de todos é

---

69. Idem. *Ibidem.*, p. 55.
70. HOROWITZ, David. *Take No Prisoners. Op. cit.*, p. 7.
71. Veja: https://www.youtube.com/watch?v=NIdjNEKet7s&t=18s, pode ser encontrado no meu canal: https://www.youtube.com/@RobertoMottaOficial (acesso em 3 de abril de 2023).

não usar todos os meios disponíveis" para chegar ao poder[72]. Horowitz complementa:

> A nobreza da visão "progressista" — assistência médica integral e gratuita, habitação e comida para todos, fim da desigualdade e a salvação do planeta — os inspira a buscar essa terra prometida por todos os meios disponíveis. Se for preciso mentir, fraudar eleições e demonizar os seus oponentes como racistas, egoístas e alienados, que seja. O lindo objetivo final justifica os meios podres[73].

As políticas públicas progressistas "buscam inspiração em um futuro imaginário dominado pela justiça social"[74], diz Horowitz. "Como os progressistas se enxergam como redentores sociais e seu objetivo é salvar o mundo, eles encaram a política como uma guerra religiosa"[75]. Vale tudo; a ética e a moral vão para o lixo no primeiro minuto de jogo. Como já foi amplamente demonstrado pela história do século XX, na conquista do ideal revolucionário qualquer crime é um preço pequeno a pagar.

Mas "os esquerdistas podem ser fanáticos, mas não são burros"[76]. Eles sabem o que podem e o que não podem dizer, alerta Horowitz:

> É por isso que os comunistas que eu conheci na minha juventude nunca se identificavam como comunistas, mas sempre como progressistas. [...] No tempo de Stalin, o objetivo do Partido Comunista americano era a

---

72. ALINSKY, Saul. *Rules for Radicals: A Pragmatic Primer for Realistic Radicals*. New York: Vintage Books, 1989, p. 26.
73. HOROWITZ, David. *Take No Prisoners. Op. cit.*, p. 9.
74. Idem. *Ibidem.*, p. 43.
75. Idem. *Ibidem.*, p. 44.
76. Idem. *Ibidem.*, p. 45.

ditadura do proletariado [...], mas seu slogan oficial era "paz, emprego e democracia"[77]. Desonestidade é fundamental para a causa progressista, porque ela busca sempre um futuro imaginário cujas soluções básicas não conseguem passar pelo crivo da realidade[78].

"Na visão esquerdista, quanto mais coisas o Estado dá ao cidadão, mais livre ele se torna"[79], diz Horowitz. Para os liberais, "quanto mais o governo dá ao cidadão, mais dependente do Estado o indivíduo se torna". Liberais e conservadores trabalham "para amenizar os problemas sociais; eles não se iludem achando que esses problemas podem ser resolvidos para sempre"[80]. Essa postura conservadora é o que Thomas Sowell chama de "Visão Trágica" do mundo, em oposição ao que ele chama de "Visão dos Ungidos" da esquerda, na qual um pequeno grupo, sentado em algum gabinete burocrático, toma decisões que afetam as vidas de milhões de pessoas, com certeza de sua infalibilidade.

Liberais e conservadores "entendem que muitos problemas são intratáveis, e não vão desaparecer. Eles têm esperança em um futuro melhor, mas sabem que as coisas podem ficar piores. Muito piores"[81].

Uma das práticas perversas da esquerda é criação do que Horowitz chama de "direitos de papel"[82], que são "direitos que não podem ser garantidos ou que podem ser facilmente removidos"[83]. Ele dá como exemplo a Constituição da África do Sul, que inclui o "direito de ser protegido contra a violência". Apesar disso, "a África do Sul tem uma taxa de homicídios sete vezes maior que a dos Esta-

---

77. Idem. *Ibidem.*, p. 45.
78. Idem. *Ibidem.*, p. 48.
79. Idem. *Ibidem.*, p. 9.
80. Idem. *Ibidem.*, p. 10.
81. Idem. *Ibidem.*, p. 10.
82. Idem. *Ibidem.*, p. 42.
83. Idem. *Ibidem.*, p. 42.

dos Unidos, e é a capital mundial do estupro"[84]. Para comparação, na Constituição americana os direitos constitucionais são expressos na forma de restrições ao poder do Estado. "Os direitos dos cidadãos americanos não são benefícios concedidos pelo governo, que possam ser retirados pelo governo quando ele assim decidir"[85]. Esses direitos individuais foram concedidos pelo Criador, e são inalienáveis.

Liberais e conservadores precisam perceber — e explicar aos eleitores — "que a agenda primária da esquerda não é promover soluções práticas para problemas complexos. Se a agenda fosse essa, a esquerda não continuaria a apoiar soluções que deram errado. A agenda da esquerda é o poder"[86].

Quando Horowitz descreve certos aspectos da atuação da esquerda americana através do Partido Democrata, ele poderia estar descrevendo o que ocorre no Brasil: políticos e organizações de esquerda trabalham para "subverter a estrutura familiar através de um modelo assistencialista enviesado e promover a dependência de programas de transferência de renda".

Essas ações precisam ser denunciadas como moralmente repulsivas, desumanas e injustas.

Essa é a arte da guerra política.

---

84. Idem. *Ibidem.*, p. 42.
85. Idem. *Ibidem.*, p. 43.
86. Idem. *Ibidem.*, p. 21.

AS *REGRAS PARA RADICAIS* DE SAUL ALINSKY

TUDO O QUE VOCÊ PRECISA SABER SOBRE ATIVISMO, CINISMO E PODER

Um dos livros mais importantes para quem atua em política foi escrito por um americano nascido em 1909, em Chicago, formado em criminologia e quase desconhecido no Brasil: Saul Alinsky. Quem o conhece, sabe de sua fama de mentor da esquerda radical americana de 1950 até os anos 80. Alinsky inventou boa parte do arsenal de ativismo político moderno — aquele praticado pelos artistas de esquerda "engajados", pelos donos de ONGs assistencialistas e pelas moças bonitinhas entrevistadas pelas TVs como "especialistas" em segurança pública, mesmo sem qualquer experiência ou conhecimento sério do assunto.

Seu livro *Regras para Radicais* definiu os princípios básicos de organização política que permitiram à esquerda americana se reinventar a partir dos anos 60, e influenciaram a atuação da esquerda no mundo todo. Essas regras para radicais deixam a teoria de lado e orientam o ativista político — aquele que está na linha de frente de atuação dos partidos, das ONGs e dos movimentos sociais — na sua tarefa de organização das massas e de conquista de poder político. É leitura obrigatória para quem quer entender o fenômeno da hegemonia da esquerda nos campos cultural, educacional e social, e essencial para compreender como a esquerda tomou o poder no Brasil e o manteve por tantos anos, criando alguns dos maiores esquemas de corrupção da história.

"Democracia não é um fim em si mesmo, mas apenas a melhor forma de atingir determinados valores"[87], afirma Saul Alinsky logo no início de *Regras para Radicais* — e eu concordo. Pode parecer surpreendente que eu concorde com afirmações feitas em um livro que é considerado o manual de trabalho dos ativistas radicais de esquerda. Mas ninguém deve ficar surpreso.

Regras para Radicais é um livro escrito por um radical de esquerda cujos valores morais são muito diferentes dos meus — mas é também um livro inteligente, escrito com objetividade e clareza, apesar do cinismo de algumas partes e de graves contradições internas. No livro, a ideologia quase sempre cede lugar a orientações práticas sobre ação política, cuja utilidade não se limita aos ativistas de esquerda. Ao contrário: esse deve ser um livro de cabeceira para democratas, liberais e ativistas políticos de todos os matizes.

Há duas razões para que os interessados por política leiam *Regras para Radicais*. A primeira razão — para os que entendem o engano terrível do socialismo e todos os prejuízos que ele causou à humanidade — é saber como operam seus ativistas. Existe uma segunda razão: Alinsky é um observador original e perspicaz do mundo atual, e muitas de suas reflexões e orientações para ativismo político têm um valor que independe de ideologia.

Um dos melhores exemplos da clareza de visão de Alinsky está logo no início do livro, quando ele fala sobre a arte da comunicação, e atribui o fracasso de muitos jovens ativistas à dificuldade de entender que a comunicação precisa acontecer dentro da experiência do seu público-alvo, com "respeito total aos valores do outro"[88]. É preciso falar sobre assuntos que façam parte do dia a dia da sua audiência, para ajudar seu público a entender o que você está dizendo. É inútil falar sobre crescimento do PIB em uma região de baixa renda onde a preocupação mais urgente é o crime.

---

87. ALINSKY, Saul. *Rules for Radicals: A Pragmatic Primer for Realistic Radicals*. New York: Vintage Books, 1989, p. 12.
88. Idem. *Ibidem.*, p. 18.

O trabalho político de organização, que para Alinsky acontece sempre dentro de uma comunidade, tem como base essa comunicação eficiente, da qual o humor é um componente essencial (uma lição que o Brasil já aprendeu, depois de ter uma *presidenta* que saudava a mandioca e estocava vento). "As armas mais potentes conhecidas pelo homem são a sátira e o ridículo"[89]. "[...] você pode ameaçar o inimigo sem maiores consequências. Você pode insultá-lo e aborrecê-lo, mas a única coisa imperdoável, e que vai provocar uma reação certa, é rir dele. Isso provoca uma raiva irracional"[90].

Comunicação é sempre um dos maiores desafios para políticos conservadores, liberais ou de tendências não-esquerdistas[91]. Para alguns deles, comunicar-se com o cidadão comum é um desafio quase impossível. Esses políticos fazem discursos repetitivos e chatos, escrevem artigos em jornais que não são compreendidos e nem emocionam, e usam termos e expressões que não pertencem à experiência de vida de sua audiência.

Jamais esquecerei uma apresentação que fizemos em uma região pobre do município de Duque de Caxias, no Rio de Janeiro. Sempre começo minhas apresentações falando de crime, um assunto que (infelizmente) está dentro da experiência de todos os cidadãos brasileiros. A conexão com a audiência é imediata; as pessoas se sentam na beira das cadeiras, inclinadas para frente, e a expressão de angústia em seus rostos mostra que minha mensagem vai direto aos seus corações. E assim foi naquele dia. Mas quando passamos a falar sobre a situação econômica do país e sobre ideologia, aconteceu o oposto. Termos como "produto interno bruto" ou

---

89. Idem. *Ibidem.*, p. 75.
90. Idem. *Ibidem.*, p. 138.
91. Eu concordo com o que A. C. Grayling diz em *Ideas That Matter*: a esquerda é uma tendência bem definida, mas a direita não. Direita é um termo que engloba muitas tendências políticas — como liberais, libertários, conservadores, anarcocapitalistas e muitos outros — que se opõem aos preceitos básicos da esquerda, mas que guardam importantes divergências entre si. Por isso prefiro chamar esse grupo de "não-esquerda".

"sistema socialista" transformaram as expressões nos rostos de empatia para incompreensão e, logo a seguir, desinteresse. Em poucos minutos perdemos toda a atenção da plateia. Foi uma experiência inesquecível, e que acontece diariamente em comícios, salas de reuniões e diretórios partidários em todo país.

Quebrando o estereótipo do radical incendiário (como, às vezes, o descrevemos), Alinsky inicia seu livro recomendando moderação e pragmatismo, e avisando que a mudança do sistema jamais será instantânea ou dramática. A primeira das suas regras, repetida no livro exaustivamente, é que não existe alternativa a não ser trabalhar dentro do sistema. O verdadeiro radical não usa cabelo comprido, brinco ou tatuagem, mas terno e gravata. É preciso ser pragmático: "dizer que o poder verdadeiro vem das armas é um grito de guerra absurdo, quando o outro lado tem todas as armas"[92]. "A reforma do sistema vem antes da revolução, e assumir que uma revolução popular pode sobreviver sem uma base de suporte criada por uma reforma popular é esperar que o impossível aconteça na política"[93].

Alinsky tem um recado para os extremistas: "Aqueles que, seja lá por que razão, incentivam o oposto da reforma, se tornam aliados involuntários da extrema-direita. Setores da extrema-esquerda foram tão longe no círculo político que se tornaram agora quase indistinguíveis da extrema direita"[94].

Em uma rejeição direta e explícita da violência política, Alinsky diz que ativistas que classificam assassinatos e atentados como "atos revolucionários" são meros psicopatas "se escondendo atrás uma máscara política"[95]. Ações violentas geram apenas horror nas massas, que embora reconheçam os problemas da sua situação atual, rejeitam esse tipo de ação política violenta como uma loucura assassina.

---

92. ALINSKY, Saul. *Rules for Radicals. Op. cit.*, p. 20.
93. Idem. *Ibidem.*, p. 21.
94. Idem. *Ibidem.*, p. 22.
95. Idem. *Ibidem.*, p. 22.

A rejeição da violência explícita e da política de confronto direto é o recado de Alinsky para as gerações novas, e faz parte de sua receita de ativismo. Não se conquista o poder pelo confronto violento, mas operando por dentro do sistema. Ele cita o caso da Convenção Nacional do Partido Democrata de 1968, em que a polícia de Chicago e a Guarda Nacional enfrentaram estudantes nas ruas com gás lacrimogêneo e força física. Alinsky foi procurado pelos estudantes em seguida, que perguntaram: veja o que está acontecendo na convenção. Ninguém presta atenção em nossas opiniões. Veja o comportamento da polícia e da Guarda Nacional. Você ainda espera que trabalhemos dentro do sistema?

Conta Alinsky:

> A resposta que eu dei aos jovens radicais era a única resposta realista possível. Eu disse: vocês têm três opções. A primeira é chorar e se lamentar. A segunda é radicalizar e realizar atentados — mas o único efeito disso será empurrar as pessoas para a direita. A terceira opção é aprender a lição. Voltem para casa, organizem-se, conquistem poder e na próxima Convenção Nacional elejam delegados e participem votando[96].

1 - O PODER

O primeiro recado de Alinsky é sobre a importância da comunicação.

O segundo é que não há outro caminho senão trabalhar por dentro do sistema.

O terceiro é que *não há nada mais importante do que conquistar o poder*. Todas as causas, todas as bandeiras, todos os temas são meras desculpas para a busca incessante de uma posição de poder.

---

96. Idem. *Ibidem.*, p.23.

> Quando você reúne pessoas em volta de uma causa comum como, por exemplo, o combate à poluição, essas pessoas organizadas começam a caminhar. Do combate à poluição do meio ambiente passa-se naturalmente ao combate à poluição política[97].

E aqui talvez se encontre uma diferença importante entre a atuação dos ativistas de esquerda e o trabalho dos ativistas de direita. Enquanto os ativistas de direita — conservadores e liberais — tendem a fazer uma avaliação cuidadosa do mérito e das chances de sucesso das causas com as quais se envolvem, para os ativistas de esquerda qualquer causa é válida e importante, porque é sempre um primeiro passo na direção da causa maior, que é *a conquista do poder*.

O ativismo de alguns dos movimentos mais agressivos da esquerda nacional não se origina de preocupação genuína com questões importantes, como moradia, criminalidade, discriminação étnica ou degradação do meio ambiente. A razão da existência de vários desses movimentos é a simples busca pelo poder.

Esse é o mandamento principal do ativismo de esquerda.

Alinsky estabelece regras de ação para os ativistas de uma forma direta, clara e objetiva, e não esconde, em momento algum que tem os pés firmemente plantados na esquerda. Apesar disso, a leitura do seu livro revela, em vários momentos, uma visão do mundo surpreendentemente moderada e que, em alguns momentos, poderia ser confundida com uma visão liberal.

Vejam isto:

> O ideal democrático se origina das ideias de liberdade, igualdade, governo pela maioria através de eleições livres, proteção dos direitos das minorias, e liberdade para manter lealdades múltiplas em matéria de reli-

---
97. Idem. *Ibidem.*, p. 23.

gião, economia e política, ao invés de uma lealdade total ao Estado. O espírito da democracia é a ideia da importância e valor do indivíduo, e fé no tipo de mundo no qual o indivíduo pode realizar tanto do seu potencial quanto possível[98].

Se Alinsky diz isso porque realmente acredita, ou porque está simplesmente praticando o seu próprio conselho — comunicando-se dentro da experiência do seu público-alvo — é difícil saber. Mas o fato é que o trecho a seguir poderia ter sido assinado por Ronald Reagan:

> Desde o começo, tanto a fraqueza quanto a força do ideal democrático têm sido o povo. As pessoas não podem ser livres a menos que estejam dispostas a sacrificar alguns dos seus interesses para garantir a liberdade dos outros. O preço da democracia é a busca constante do bem comum por *todas* as pessoas. [...] a participação do cidadão é a força e o espírito que anima uma sociedade baseada em ações voluntárias[99].

Outra parte poderia ter sido escrita, sem mudar uma vírgula, por Thomas Sowell:

> Não estamos aqui preocupados com pessoas que professam a fé democrática, mas desejam a segurança sombria da dependência, na qual estão livres da responsabilidade de tomar decisões. Recusando-se a crescer, ou incapazes disso, querem permanecer eternamente crianças e serem cuidados pelos outros. Aqueles que podem, devem ser estimulados a crescer;

---

98. Idem. *Ibidem.*, p. 24.
99. Idem. *Ibidem.*, p. 25.

para os outros o problema não está no sistema, mas neles mesmos[100].

Alinsky alerta que seu livro não contém nenhuma panaceia e nenhum dogma: "o dogma é o inimigo da liberdade humana"[101]. O método de ação proposto por Alinsky é fluido e maleável. "Os radicais devem ser resilientes, adaptáveis às mudanças nas circunstâncias políticas e sensíveis ao processo de ação e reação, para evitar que fiquem presos às suas próprias táticas e forçados a andar por uma estrada que não escolheram"[102].

Os ativistas de Alinsky devem trabalhar pela *revolução*, uma revolução que virá através da organização dos *despossuídos* (*"Have Nots"*). Esses despossuídos, uma vez organizados, terão o poder e a oportunidade de evoluir "na sua eterna busca por aqueles valores de igualdade, justiça, liberdade, paz, preocupação profunda com a preciosidade da vida humana e todos aqueles direitos e valores propostos pela civilização Judaico-Cristã e pela tradição política democrática"[103].

Essa revolução não se parece com a típica revolução de esquerda. Na verdade, Alinsky lamenta que a causa da revolução tenha se tornado um monopólio dos comunistas. "Permitimos uma situação suicida, na qual revolução e comunismo se tornaram sinônimos"[104]. Alinsky se propõe a corrigir esse erro com o seu livro.

> Essa é a principal razão da minha tentativa de criar um manual revolucionário que não seja baseado em um molde comunista ou capitalista, mas que seja simplesmente um manual para os despossuídos do mundo, independentemente da cor de sua pele ou de suas

---

100. Idem. *Ibidem.*, p. 25.
101. Idem. *Ibidem.*, p. 4.
102. Idem. *Ibidem.*, p. 6.
103. Idem. *Ibidem.*, p. 12.
104. Idem. *Ibidem.*, p. 9.

preferências políticas. Meu objetivo é ensinar como eles devem se organizar para atingir o poder[105].

Alinsky tem uma visão do mundo carregada de cinismo. A sociedade não passa de "uma arena onde a política do poder é movida primariamente por interesses egoístas de curto prazo, e onde a moralidade é um artifício retórico usado para justificar ação rápida e interesses particulares"[106]. É um mundo onde as leis são escritas em nome do bem comum, mas funcionam com base na ganância comum. Não é um mundo de anjos, mas um mundo "onde homens falam de princípios morais, mas agem baseados nos princípios do poder; um mundo onde somos sempre os corretos e nossos inimigos sempre os imorais"[107]. É um mundo em constante mudança, onde os valores que professamos dependem dos nossos objetivos. Não é um mundo de paz e beleza, ou de racionalidade desapaixonada.

Alinsky cita o político inglês Benjamin Disraeli para dizer que "a vida política deve ser aceita da forma que você a encontra"[108]. Não é possível, na análise dos movimentos de massa ou de suas táticas, dizer que *esta* ação vai gerar *aquela* consequência. "O melhor que podemos esperar", diz Alinsky, "é um entendimento dos prováveis resultados de certas ações".

Alinsky ensina aos seus estudantes que a humanidade é dividida em três partes: aqueles que têm bens (os *"Haves"*), aqueles que não tem (os *"Have Nots"),* e aqueles que têm pouco bens e querem ter mais — a *classe média.*

A classe média está eternamente dividida entre manter o que já tem e brigar por mudanças, para que possa ter mais. Entretanto, a realidade é que a classe média faz declarações de compromisso com a mudança social e com a busca dos ideais de justiça, igualdade e opor-

---

105. Idem. *Ibidem.*, p. 9.
106. Idem. *Ibidem.*, p. 13.
107. Idem. *Ibidem.*, p. 13.
108. Idem. *Ibidem.*, p. 14.

tunidade, mas se exime de qualquer ação efetiva de mudança. Apesar disso, lembra Alinsky, "foi da classe média que vieram os grandes líderes das mudanças nos séculos passados: Moisés, Paulo de Tarso, Martin Luther King, Robespierre, Danton, Samuel Adams, Alexander Hamilton, Thomas Jefferson, Napoleão Bonaparte, Giuseppe Garibaldi, Lenin, Mahatma Gandhi, Fidel Castro, Mao e tantos outros"[109].

2 - OS MEIOS E OS FINS

Para Alinsky, não há sentido em perguntar se os fins justificam os meios. A única pergunta que tem sentido é *se um determinado fim justifica um determinado meio*. As decisões sobre meios e fins devem ser feitas de forma prática e dependendo da estratégia adotada. O revolucionário deve avaliar os recursos de que dispõe e suas opções de ação — e mais nada. Moralidade não é um fator a ser considerado. Os objetivos finais devem ser factíveis e valer a pena. Dos meios deve-se apenas indagar: funcionam? Para Alinsky, dizer que meios corruptos corrompem os objetivos é "acreditar na imaculada concepção de fins e princípios"[110], coisa em que ele, claramente não acredita.

Suas crenças são bem claras:

> A arena da vida real é corrupta e sangrenta. [...] ao agir, nem sempre temos o luxo de poder tomar uma decisão que é, ao mesmo tempo, consistente com nossa consciência e com o bem da humanidade. É o bem da humanidade que deve nos guiar. As ações devem ser voltadas para a salvação das massas, e não para a salvação pessoal do indivíduo. Aquele que sacrifica o bem das massas para preservar sua própria consciência tem um conceito muito peculiar de "salvação pessoal": ele não se importa o suficiente com o povo para se corromper por ele[111].

---

109. Idem. *Ibidem.*, p. 20.
110. Idem. *Ibidem.*, p. 25.
111. Idem. *Ibidem.*, p. 25.

Se o trecho acima parece ter saído da boca de alguns políticos brasileiros, não é por acaso. O *modus operandi* e a filosofia política delineados por Alinsky são a base de boa parte da prática da extrema-esquerda nacional, especialmente quando se trata de abandonar a moral e a ética, como se fossem pesos mortos, logo no início da caminhada política.

Para não deixar dúvida alguma sobre isso, Alinsky afirma que "o meio mais antiético de todos é não usar todos os meios disponíveis" para chegar ao poder[112].

E mais:

> A segunda lei da ética dos meios e fins é que a avaliação da ética dos meios depende da posição política dos avaliadores[113].
> A terceira lei da ética dos meios e fins é que na guerra o fim justifica qualquer meio[114].
> Padrões éticos devem ser elásticos para se adaptarem aos tempos[115].

A décima regra da ética dos meios e fins de Saul Alinsky é que "você faz o que pode fazer com o que tem ao seu dispor, e depois veste sua ação com as roupas da moralidade"[116].

Alinsky ilustra seu ponto citando as famosas Teses de Abril, nas quais Lenin teria dito:

> A tarefa dos Bolcheviques é derrubar o governo imperial. Mas esse governo conta com o apoio dos Revolucionários Sociais e dos Mencheviques e esses, por sua

---

112. Idem. *Ibidem.*, p. 26.
113. Idem. *Ibidem.*, p. 26.
114. Idem. *Ibidem.*, p. 29.
115. Idem. *Ibidem.*, p. 31.
116. Idem. *Ibidem.*, p. 31.

vez, são apoiados pelas massas do povo. Nós estamos em minoria. Nessas circunstâncias, nosso lado não pode falar em violência[117].

Alinsky explica a essência do argumento de Lenin: "eles possuem as armas, portanto somos a favor da paz e da reforma pelo voto. Quando tivermos as armas, então a reforma será através da bala"[118]. E assim foi.

Essa moralidade de conveniência se transforma em fraude ideológica na décima primeira regra ética de Alinsky, que recomenda que os objetivos devem ser expressos em termos gerais como "liberdade, igualdade, fraternidade", "bem comum" ou "procura da felicidade"[119]. Para o revolucionário, a moral não é um valor absoluto, mas uma camuflagem politicamente correta para suas ações. "Todas as ações, para serem efetivas, precisam do passaporte da moralidade"[120].

3 - EMOÇÃO E ENGAJAMENTO

As *Regras para Radicais* ensinam aos ativistas revolucionários como se organizar para conseguir poder político. Para definir poder, Alinsky cita Alexander Hamilton: "O que é o poder, senão a habilidade de fazer algo? O que é habilidade de fazer algo, senão o poder de entregar os meios necessários para sua execução?" [121]; Pascal: "Justiça sem poder é impotente; poder sem justiça é tirania" [122]; e até Santo Inácio de Loyola: "Para fazer algo, um homem neces-

---

117. Idem. *Ibidem.*, p. 37.
118. Idem. *Ibidem.*, p. 37.
119. Idem. *Ibidem.*, p. 45.
120. Idem. *Ibidem.*, p. 44.
121. Alexander Hamilton (1755-1804) foi um dos Pais Fundadores dos Estados Unidos e o criador do sistema financeiro americano.
122. Blaise Pascal (1623-1662) foi um matemático, físico, inventor, filósofo e teólogo católico francês.

sita de poder e competência". Conhecer o poder, e não o temer, é essencial para seu controle e seu uso construtivo[123].

Drew Westen, em *O Cérebro Político*[124] e David Horowitz, em *A Arte da Guerra Política* (discutido em outro capítulo) já escreveram sobre a irracionalidade da política, e sobre como decisões e escolhas políticas são baseadas na emoção; é um ponto de vista cujos detalhes cognitivos são apresentados por Daniel Kahneman em *Pensando Rápido e Devagar*[125]. Saul Alinsky dá esse conselho aos seus ativistas: "seja racional em um mar de irracionalidades; aceite e trabalhe com a irracionalidade em nome da mudança".

Ele continua:

> Com raríssimas exceções, as coisas certas são feitas pelas razões erradas. É inútil exigir que os homens façam a coisa certa pela razão certa; é como lutar contra moinhos de vento. O ativista deve saber e aceitar que a razão certa aparece na história apenas como uma racionalização moral depois que o resultado desejado foi atingido — mesmo quando ele foi atingido pela razão errada. Portanto, o ativista deve descobrir que razões erradas ele pode usar para alcançar os objetivos certos[126].

4 - ATIVISMO E *AS MASSAS*

Alinsky recomenda que seus ativistas trabalhem, ao mesmo tempo, com uma grande variedade de causas. Uma ampla base de apoio na população só pode ser criada levantando-se múltiplas questões simultaneamente — passe-livre nos ônibus, igualdade de

---

123. ALINSKY, Saul. *Rules for Radicals. Op. cit.*, p. 53.
124. WESTEN, Drew. *The Political Brain: The Role of Emotion in Deciding the Fate of the Nation*. New York: Public Affairs, 2008 (versão Kindle).
125. KAHNEMAN, Daniel. *Thinking Fast and Slow*. New York: Farrar, Straus and Giroux, 2013.
126. ALINSKY, Saul. *Rules for Radicals. Op. cit.*, p. 76.

gênero, cotas raciais, liberdade para criminosas grávidas, desmilitarização da polícia militar. Vale tudo. "O trabalho de ativismo focado em uma única questão vai condenar o ativista a ter uma organização pequena, e uma organização pequena não dura muito"[127], diz Alinsky. Uma organização de ativismo político precisa de atividades como uma pessoa precisa de oxigênio. "[...] Múltiplas questões significam ação constante e vida"[128].

Essa é a origem da ideia de manter o público permanentemente ocupado, revoltado e agitado com eventos ou questões polêmicas que, na maioria das vezes, são irrelevantes para sua vida ou o progresso do país. Essa é a explicação para a geração aparentemente espontânea, e a ampla divulgação na mídia, de uma questão explosiva atrás da outra — só nos últimos meses, enquanto escrevo este livro, tivemos a "exposição de arte" em que uma menina de cinco anos tocava em um adulto nu[129], e outra na qual imagens de crianças eram associadas a peças de arte erótica[130]; o defensor público federal que pediu o retorno dos chefes de facções criminosas dos presídios federais aos seus estados de origem, sob alegação de que se encontravam em "situação de fragilidade" e precisavam de um "abraço amigo"[131] e o juiz que soltou, na audiência de custódia, um criminoso preso com um fuzil após trocar tiros com a polícia[132].

---

127. Idem. *Ibidem.*, p. 77.
128. Idem. *Ibidem.*, p. 77.
129. Veja: http://cultura.estadao.com.br/noticias/artes,interacao-de-crianca-com-homem-nu-gera-polemica-apos-abertura-de-exposicao-no-mam,70002020753, (acessado em 10 de janeiro de 2018).
130. Veja: http://www.gazetadopovo.com.br/ideias/apos-protestos-santander-cancela-mostra-com-pornografia-e-zoofilia-o3nl732yxltq2vdp6kof15cok (acessado em 10 de janeiro de 2018).
131. Veja: https://www.gazetaonline.com.br/noticias/brasil/2017/09/volta-de-chefoes-do-crime-organizado-e-a-nova-ameaca-para-o-rj-1014101792.html (acessado em 10 de janeiro de 2018).
132. Veja: https://www.opovo.com.br/jornal/cotidiano/2017/07/preso-com-fuzil-556-e-liberado-em-audiencia-de-custodia.html (acessado em 10 de janeiro de 2018).

Agora você já sabe o porquê da criação do crime de *feminicídio* e da ênfase na divulgação dos "crimes de ódio" (a notícia desta semana era que a polícia do Rio estava criando classificações para crimes que incluíam *xenofobia* e *lesbofobia*)[133] e que isso seja considerado importante em um país onde morrem 60 mil pessoas assassinadas todos os anos[134].

Agora você entende a importância de debater banheiros unissex, de acusar a polícia de fascismo e preconceito racial, e de, simultaneamente, impedir a construção de novos presídios e reclamar da superlotação dos presídios existentes[135].

É quase impossível separar, nessas discussões, aquilo que reflete preocupações e anseios genuínos da sociedade daquilo que é apenas parte da estratégia ativista de manter as pessoas eternamente mobilizadas, exatamente como recomenda Alinsky.

Ao defender suas múltiplas causas e organizar as massas, o ativista precisa se dividir e desempenhar dois papéis simultâneos. Um dos papéis é o de líder confiante e firme. "Antes que homens se dediquem a uma causa eles precisam estar confiantes de que estão combatendo no lado dos anjos"[136]. O ativista precisa demonstrar 100% de fé em suas bandeiras, e colocar toda a energia para liderar a tropa em um confronto total, cujo resultado só pode ser tudo ou nada. Ao mesmo tempo o ativista desempenha o papel de negociador astuto, que sabe que, na verdade, existe uma diferença de apenas 10% entre a sua posição e a do adversário, e que uma solução de convivência pode ser facilmente negociada. Resumindo: é preciso

---

133. Veja: http://www.rj.gov.br/web/sedhmi/exibeconteudo?article-id=4418525 (acessado em 10 de janeiro de 2018).
134. *Meta 2: A Impunidade Como Alvo - Diagnóstico da investigação de homicídios no Brasil*, ENASP — Estratégia Nacional de Justiça e Segurança Pública, 2012, p. 43.
135. Em novembro de 2013, em pleno governo Dilma, um grupo de ONGs apresentou ao governo federal um documento chamado de Agenda Nacional Pelo Desencarceramento. O primeiro item dessa "agenda" era a suspensão de qualquer investimento em construção de novas unidades prisionais.
136. ALINSKY, Saul. *Rules for Radicals. Op. cit.*, p. 78.

criar um estardalhaço gigantesco sobre qualquer questão e transformar tudo em uma batalha de vida ou morte, mesmo tendo plena consciência de que bastaria um pequeno esforço para se chegar a um acordo.

O ativista faz isso porque sabe que todos os valores são relativos; seu papel central é o de identificar as questões em torno das quais ele irá organizar a comunidade. Essas questões são sempre meros pretextos, veículos a serem usados para organizar e mobilizar as massas como o primeiro passo na busca do poder pela revolução.

Como disse David Horowitz: "A questão nunca é a questão; a questão é sempre o poder"[137].

As questões devem envolver assuntos que possam ser bem comunicados e que sejam simples o suficiente para ser transformados em frases de efeito ou gritos de guerra. "As questões [escolhidas pelo ativista] não podem ser generalidades como 'corrupção', ou 'injustiça'"[138]. Elas devem tratar *desta* imoralidade específica, *desta* injustiça, *daquela* ocupação de "sem terras". A comunicação precisa ocorrer de forma concreta, rápida e direta, através da experiência específica de cada indivíduo.

5 - PODER

Um dos problemas encontrados pelos ativistas é que a população não sabe o que quer. Essa descoberta desperta, dentro do ativista, uma dúvida interior compartilhada por muitos daqueles que se envolvem com política: será que a massa da população é competente para tomar as decisões que se espera de eleitores em uma sociedade democrática? "Muitas vezes, o contato com grupos de baixa renda faz com que o ativista perca a fé no evangelho político da democracia". Segundo Alinsky essa desilusão acontece, em

---

137. HOROWITZ, David. *Take No Prisoners: The Battle Plan for Defeating the Left*. Washington, D. C.: Regnery Publishing, 2014, p. 9.
138. ALINSKY, Saul. *Rules for Radicals. Op. cit.*, p. 97.

parte, "porque idealizamos os pobres, da mesma forma que idealizamos outros setores da sociedade e, em parte, porque quando conversamos com qualquer pessoa enfrentamos clichês, estereótipos superficiais e falta de informação"[139].

O ativista logo descobre que a resolução de um problema faz com que apareçam problemas novos. É preciso cuidado para que essa descoberta não provoque um sentimento de futilidade nas massas. "O ativista também sabe que as questões que são, neste momento, motivo de lutas de vida ou morte, serão em breve esquecidas. A situação vai mudar, e mudarão os desejos das pessoas e as questões discutidas"[140].

É preciso saber que a vida é como um oceano, eternamente em mudança, cheio de relatividade e incerteza. A missão do ativista é se colocar sempre dentro da experiência das pessoas da comunidade com a qual ele trabalha, mantendo o foco na resolução de problemas específicos e na produção de respostas concretas, gerando *definição* e *certeza*[141]. Em uma sociedade urbana, lembra Alinsky, a palavra "comunidade" significa comunidade de interesses, e não comunidade geográfica.

"No mundo moderno as pessoas estão famintas por drama e aventura, por um sopro de vida em uma existência monótona e insossa"[142]. Essa é a oportunidade para o ativista; ele pode ajudar as massas nessa busca desesperada pela identidade pessoal e pelo sentimento de estar vivo. Por isso, nem todas as ações organizadas pelo ativista têm como objetivo produzir um resultado concreto. Muitas dessas ações são apenas oportunidades para criar significado para vidas vazias, "nas quais a única coisa que muda é o calendário"[143].

---

139. Idem. *Ibidem.*, p. 104.
140. Idem. *Ibidem.*, p. 106.
141. Idem. *Ibidem.*, p. 107.
142. Idem. *Ibidem.*, p. 120.
143. Idem. *Ibidem.*, p. 121.

O sentimento de estar vivo, de participar de uma aventura é o que atrai muita gente para as atividades comunitárias e políticas. Em minha experiência, é impressionante a quantidade de ativistas e líderes políticos, especialmente no campo liberal, que não entendem esse fenômeno.

Dona Regina não veio participar da reunião sobre lixo nas praias — às 19h de uma terça-feira de calor — porque está preocupada com o meio ambiente. Dona Regina não vai à praia há anos. Ela veio, simplesmente, porque é um programa melhor do que assistir TV sozinha em casa. Ela se sente acolhida e incluída em uma comunidade que tem uma missão nobre e arriscada. Ela recebe carinho e coloca um tempero de aventura e emoção em sua vida. Ela se sente *empoderada*.

Aqui, mais uma vez, Alinsky tem uma lição importante para ativistas de todos os credos:

> Aprendemos que quando respeitamos a dignidade das pessoas, não podemos lhes negar o direito elementar de participar de forma integral da solução dos seus próprios problemas. O respeito próprio existe apenas quando as pessoas desempenham um papel ativo na resolução de suas próprias crises, e não se transformam em meras marionetes incapazes de agir, recebedoras passivas de serviços públicos ou privados. Ajudar as pessoas negando-lhes a oportunidade de participar da ajuda em nada contribui para o desenvolvimento do indivíduo. Se fazemos isso, na verdade, não estamos dando nada, ao contrário, estamos tirando — tirando a dignidade. A negação da participação na solução dos seus próprios problemas é a negação da dignidade humana e da democracia. Não vai funcionar[144].

---

144. Idem. *Ibidem.*, p. 123.

As atividades de organização da classe média apresentam uma oportunidade enorme para o ativista. Esse é um grupo de pessoas que se sente cada vez mais impotente diante da complexidade do mundo moderno, da máquina governamental e de toda a selva de regras jurídicas e tributárias que regem a economia moderna. Sua determinação de trabalhar por confortos materiais — uma casa própria, um carro, um emprego bem remunerado — não os livra de uma vida marcada pelo medo e por ameaças vindas de todos os lados: o pesadelo de uma aposentadoria sem renda suficiente, a possibilidade sempre presente do desemprego, o alto custo do plano de saúde, uma carga tributária obscena em todos os serviços e produtos que consome, e a sensação de trabalhar para sustentar a máquina do governo e uma multidão de dependentes dos diversos programas sociais financiados com seus impostos.

Os sentimentos de confusão e alienação levam a classe média a abdicar de sua cidadania ativa, e entregar todas as decisões nas mãos do Estado. Cabe aos ativistas organizar e liderar esse grupo, trazendo-o de volta à vida política. As recompensas serão enormes.

6 - AS TÁTICAS

Alinsky enumera uma série de regras explícitas[145]:

> A primeira regra é: *poder não é apenas o que você possui, mas o que o inimigo pensa que você possui*[146].
> A segunda regra é: *nunca atue fora da experiência da sua comunidade.*
> A terceira regra é: *sempre que possível, atue fora da experiência do seu inimigo.*

---

145. Idem. *Ibidem.*, p. 126.
146. Idem. *Ibidem.*, p. 128.

A quarta e a quinta regra são: *o ridículo é a arma mais poderosa; é quase impossível contra-atacar a humilhação causada pelo ridículo.*

A sexta regra diz que *uma boa tática é uma tática que agrada à sua equipe.* Se o seu grupo não está se divertindo, existe algo errado com sua tática.

A sétima regra é: *uma tática que se arrasta durante muito tempo se transforma em um peso morto.*

A oitava regra é: *mantenha a pressão,* com diferentes táticas e ações, e utilize todos os eventos disponíveis para essa finalidade.

A nona regra é: *a ameaça costuma ser mais apavorante do que a própria ação,* mas apenas se todos sabem que você tem o poder e a determinação de executar o que ameaçou fazer.

A décima regra é: *atue sempre para manter a pressão.*

A décima primeira regra é: *se a pressão for mantida por tempo suficiente, o outro lado cometerá um erro fatal.*

A décima segunda regra é: *o preço de um ataque bem-sucedido é estar sempre pronto a oferecer uma solução construtiva, se o inimigo ceder.*

A décima terceira regra é a mais importante na guerra política: *escolha o alvo, congele seu foco nele, personalize o ataque e polarize a questão ao máximo.* Faça de tudo uma questão de vida ou morte.

As táticas de ativismo não são, ao contrário do que muita gente acredita, resultado de um planejamento racional ou de uma programação de atividades cuidadosamente preparada. As táticas, na verdade, são determinadas pelo curso dos eventos, por acidentes de percurso e pelas reações geradas pelas próprias ações dos ativistas. A natureza das táticas é determinada, em grande parte, pelo acaso e pela necessidade de improvisar diante da sucessão de acontecimentos.

> É necessário analisar logicamente qual é a sua posição, quais podem ser os próximos passos e quais são os riscos e oportunidades. É essa análise que evita que você se torne um prisioneiro cego das táticas e dos acidentes de percurso. Mas é preciso repetir que *a tática propriamente dita resulta do fluxo de ações e reações*, e requer, do ativista, a aceitação sem resistência de uma aparente desorganização[147].

O ativista deve seguir o fluxo da ação. "Seu estilo de trabalho deve ser livre, aberto, curioso e sensível a novas oportunidades, ainda que elas tratem de questões diferentes daquelas que originaram aquela ação em particular"[148]. A narrativa da ação é criada *a posteriori*. Alinsky conta sobre seu trabalho de ativista no bairro *Back of the Yards* de Chicago:

> [...] muito do que eu fazia era intuitivo. Mas quando me pediram para explicar o que eu havia feito e por que, eu precisei *inventar* razões — razões que não existiam no momento das minhas ações. As coisas que eu fiz, eu fiz porque era o que tinha que ser feito; era o melhor que eu podia fazer, ou a única coisa que eu podia fazer. Mas quando me pressionaram para explicar minhas ações *precisei criar uma estrutura intelectual* para as minhas ações — na verdade, racionalizações.

Alinsky recomenda que os ativistas aproveitem a competição entre os ricos e o seu foco no interesse individual, para promo-

---

147. Idem. *Ibidem.*, p. 165.
148. Idem. *Ibidem.*, p. 165.

ver a causa da revolução. Ele resume essa estratégia com uma frase que deveria estar na parede do escritório de muitos empresários e executivos que, bem-intencionados ou movidos pelo sentimento de culpa que os brasileiros desenvolvem quando são bem-sucedidos na vida, usam seu dinheiro para financiar causas abertamente revolucionárias e ativistas, que trabalham pela destruição da democracia e do sistema capitalista.

Prestem atenção no que diz Alinsky:

> Tenho certeza de que conseguiria convencer um milionário, em uma sexta-feira, a financiar uma revolução para o sábado, da qual ele conseguiria tirar um grande lucro no domingo, mesmo com a certeza de que seria fuzilado na segunda[149].

---

149. Idem. *Ibidem.*, p. 150.

A Arte da Guerra Política e os garotos do Leblon

UMA CAMPANHA POLÍTICA É FEITA DE SÍMBOLOS, NÃO DE DISCUSSÕES RACIONAIS. A ESQUERDA SABE DISSO, E POR ISSO DOMINA O PAÍS. ENQUANTO ISSO, A NÃO-ESQUERDA BRINCA DE DIRETÓRIO ACADÊMICO

As pessoas votam em símbolos. É com símbolos que se faz uma campanha eleitoral. O candidato é o símbolo máximo, já explicou David Horowitz em *A Arte da Guerra Política*. Mas quem, no Brasil, tem tempo para ler Horowitz[150]?

Ninguém vota em um plano de governo, em uma política econômica ou em um modelo para regulamentação da indústria do petróleo. Os eleitores votam na pessoa do candidato.

Vamos cair na real: 99,99% dos eleitores brasileiros não sabem o que significa "política macroeconômica" ou "agência reguladora".

Ninguém entende de verdade o déficit da Previdência, ou mesmo como funciona um sistema de aposentadoria. O sujeito que tem família para sustentar e boletos para pagar no final do mês está se lixando para a decisão do STF sobre prender ou não depois de condenação em segunda instância. Ele está se lixando para o "fundo eleitoral".

Drew Westen já explicou, em *O Cérebro Político*, que preferências políticas não são racionais, mas emocionais. Daniel Kahneman explicou a mesma coisa, com evidências exaustivas, em *Pensando Rápido e Devagar*. Mas quem tem tempo de ler hoje em dia?

---

150. Felizmente para você, este livro tem um capítulo inteiro sobre Horowitz.

Westen e Kahneman provaram que existe um fio que liga o coração ao voto. Por esse fio circula emoção, e não raciocínio.

As emoções — principalmente o desespero — são capturadas por populistas, por corruptos e pelos políticos de extrema-esquerda com promessas de, respectivamente, "benefícios", dinheiro ou o fim da "desigualdade".

Apesar de toda a literatura e conhecimento disponíveis, a maioria dos grupos políticos de não-esquerda[151] do Brasil insiste em convidar o eleitor para uma discussão racional sobre nossos problemas — embora já tenha sido fartamente comprovado que, na guerra política, não cabe discussão: o tempo é pouco, a mensagem tem que ser curta e o símbolo apresentado precisa causar impacto[152].

Tudo isso explica o fenômeno político e eleitoral chamado Jair Bolsonaro. Bolsonaro venceu as eleições de 2018 mesmo enfrentando adversários com enormes recursos financeiros e estruturas partidárias profissionais. Bolsonaro se tornou um símbolo, mantendo aparentemente intacta, durante os quatro anos do seu mandato, a capacidade de mobilizar multidões, tanto nas ruas quanto nas redes; isso apesar de ter enfrentando uma pandemia global (com toda a sua carga de controvérsia e conflito), a eclosão da guerra entre Rússia e Ucrânia e a ferrenha oposição da maioria da mídia, que incluiu até a formação de um inédito "consórcio de veículos de imprensa" (supostamente criado para coordenar a divulgação de dados sobre a pandemia, mas que se tornou instrumento de ataque diário à imagem do presidente e de seu governo). O Brasil também teste-

---

151. A. C. Grayling, em *Ideas That Matter*, já explicou que não existe "direita", que na verdade trata-se de um agrupamento de correntes políticas com ideias diferentes entre si. A única coisa que essas correntes têm em comum é o horror à esquerda e suas ideias de coletivização. Melhor chamar esse grupo de "não-esquerda".
152. Dois dos primeiros grupos a entender isso foram o MBL, com seus memes corrosivos e vídeos de zoação e o LIVRES, um movimento político independente, cuja Fundação Índigo produziu gráficos de impacto, capazes de comunicar um problema nacional grave em uma única imagem colorida. Hoje existe todo um ecossistema de influenciadores digitais capazes de traduzir mensagens políticas complicadas para todos os tipos de público.

munhou, a partir de 2019, o surgimento de um tipo de ativismo judicial sem precedentes na história recente, em ousadia, abrangência e virulência[153]. Políticos da oposição passaram a usar o Judiciário para impedir ou reverter decisões importantes do Executivo, e para solicitar a abertura de inquéritos contra o presidente e membros do governo; a maioria desses pedidos foi atendida, embora lhes faltasse qualquer fundamento razoável e sobrasse motivação política.

Apesar desse fogo cerrado, Bolsonaro permaneceu como o símbolo de um Brasil que não se curva diante do "Sistema", que não se entrega aos luxos do poder e que recusa subserviência à pauta ideológica, cada vez mais radical, da esquerda.

Um símbolo.

Lula também já foi um símbolo, um dia. Nada consegue derrubar um símbolo forte — a não ser outro símbolo mais forte ainda.

É preciso perguntar: além de Bolsonaro — que foi, em grande parte, um fenômeno surgido espontaneamente e de forma independente das estruturas partidárias — quais são os símbolos que os partidos de direita — liberais ou conservadores — apresentam a seus eleitores[154]?

Qual é a mensagem direta, emocional e simples, que esses partidos têm para o eleitor brasileiro, em contraposição à mensagem da esquerda de "distribuição das riquezas" e "justiça social"[155]?

---

153. Para entender o que aconteceu nesse período a bibliografia essencial é formada pelos livros *Sereis Como Deuses: O STF e a Subversão da Justiça*, *Suprema desordem: Juristocracia e Estado de Exceção no Brasil* e *Inquérito do Fim do Mundo*, todos da Editora E.D.A.

154. No momento em que escrevo este texto — fevereiro de 2023 — não é nem possível dizer que exista no Brasil algum partido legitimamente conservador. Embora vários deles adotem a nomenclatura "liberal" e algumas ideias do liberalismo, é também difícil dizer que existe no Brasil algum partido liberal. A potencial exceção a essa regra é o partido Novo, que ajudei a criar (a história completa está no meu livro *Os Inocentes do Leblon*), mas que passa, nesse momento, por uma crise que pode significar tanto o seu fim quanto seu ressurgimento como importante força política. É preciso aguardar.

155. Bolsonaro criou o genial "Brasil acima de tudo, Deus acima de todos": comunicação instantânea de propósito e sentido.

Enquanto a esquerda promete "dar de comer a quem tem fome"[156], muitos ativistas e candidatos liberais, por exemplo, falam em "obter serviços melhores para os impostos que pagamos". Mas os pobres acham que não pagam imposto; eles desconhecem que metade de tudo o que ganham vendendo biscoito e refrigerante no engarrafamento da Avenida Brasil vai para o Estado. Eles também não entendem que "serviços" são esses que o Estado presta. Até o vocabulário escolhido pelos liberais é ruim.

Aquele slogan genial, bolado pelos garotos do Leblon, não emociona o cidadão comum — o que acorda às 4h30 da manhã para pegar o ônibus na rua ainda escura, com medo de assalto e pensando nos boletos.

Enquanto a turma da nova política brinca de diretório acadêmico de luxo, selecionando a si mesmos para grandes e futuras missões, bebericando um prosecco[157] na lancha em Angra, a esquerda está sempre se organizando para ficar outros quinze anos no poder — e finalmente jogar o país no abismo do socialismo real.

Permitam-me dizer o que os garotos do Leblon não querem escutar: *o problema do Brasil não é de "gestão", e sim de uma luta entre o bem e o mal.*

É uma luta entre os que trabalham por um futuro melhor para si e suas famílias — e, por extensão, para toda a sociedade — e aqueles presos a um modelo mental que mistura paternalismo e tirania, e que se revelou, em todo lugar onde foi implantado, um fracasso social, político e econômico. Estou falando do modelo conhecido como *socialismo*.

É um sistema que gera miséria, crime e destruição. Por que há tão poucos homens públicos com coragem de dizer isso?

---

156. Embora no Brasil a obesidade já seja um problema maior que a desnutrição, e a esquerda esteja apenas pensando no caviar e no champanhe que vai comprar com o dinheiro público (sempre é assim).

157. Trata-se de um vinho branco italiano, famoso na gastronomia europeia pela harmonia que gera em determinados pratos. (N. E.)

Escuto a toda hora alguém dizer que "o problema do Brasil não se resume ao debate esquerda *versus* direita". Claro que não[158]. O problema central, hoje, no Brasil continua sendo o embate entre a esquerda e qualquer alternativa social, política ou econômica.

Nenhuma outra corrente política tem vez.

A esquerda simplesmente alcançou a hegemonia na cultura, no ensino, nos meios de comunicação e no aparelhamento do Estado, a tal ponto que o simples ato de chamar atenção para essa dominação passou a ser quase crime.

Você duvida? Tente ser professor, advogado, cineasta, ator ou escritor "de direita", e conseguir emprego — ou ao menos uma chance de falar.

A dominação ideológica da esquerda sobre as escolas de Direito, ao longo dos anos, se estendeu ao Ministério Público, à Defensoria Pública, aos Tribunais, às entidades de classe e, finalmente, à forma pela qual o Legislativo produz a legislação penal. Essa dominação da esquerda sobre a aplicação da justiça está na raiz do crescimento sem freios do crime, que nos tornou campeões mundiais de homicídios (*um milhão* de mortos ao longo de 30 anos)[159] e fez do Brasil uma nação de pessoas com medo.

A esquerda que reclama da superlotação dos presídios é a mesma que entregou à ex-presidente Dilma um "plano de ação" cujo primeiro item era a "suspensão de qualquer investimento na construção de presídios"[160]. É a mesma esquerda do Defensor Público Federal Anginaldo de Oliveira, que disse que Fernandinho Beira-Mar e Nem da Rocinha estão em "situação de fragilidade" e precisam de

---

158. Até porque não existe debate algum. Até a data da segunda edição deste livro, ninguém viu a *Globo News* entrevistando especialistas "de direita", ou algum painel em qualquer TV — à exceção da Jovem Pan — que inclua debatedores de esquerda e de direita.

159. Veja: http://g1.globo.com/brasil/noticia/2011/12/brasil-tem-mais-de-1-milhao-de-homicidios-em-30-anos-diz-pesquisa.html (acesso em 11 de maio de 2018).

160. Veja: carcerária.org.br (acesso em 11 de maio de 2018).

"um abraço amigo"[161], e por isso deveriam retornar ao Rio. É dessa esquerda que vieram as "audiências de custódia", a "progressão de regime" e o ECA, três aberrações jurídicas que deixam assassinos sádicos soltos em nossas ruas.

E, apesar de tudo isso, um ativista *de direita*, em uma manifestação de apoio à polícia carioca[162], me pediu para não falar de "esquerda *versus* direita", porque isso gerava "desagregação". Ele me recomendou focar "naquilo que nos une".

Aquilo que nos une à esquerda?

Nada, absolutamente nada, me une à esquerda brasileira.

A esquerda e seu pensamento estatizante, paternalista, corrupto, intolerante e violento está na raiz dos males do Brasil de hoje. Eles praticam literalmente o que disse Saul Alinsky: "A ação mais antiética de todas é não usar todos os meios disponíveis para alcançar o poder"[163].

É fundamental entender como eles operam e como se infiltram em "movimentos sociais" com as bandeiras mais diversas — da "promoção da diversidade" até a proteção do meio ambiente. Tudo é apenas um disfarce para a luta pelo poder mais cru. *The issue is never the issue*, disse David Horowitz: *the issue is always power*. A questão nunca é a questão; a questão é sempre o poder.

Para enfrentar essa turma é preciso tirar as luvas.

É preciso perder o nojinho da política real, que caracterizou vários desses movimentos de "renovação", compostos, em sua maioria, de gente jovem com ideias velhas.

Falta coragem, falta imaginação, falta humildade e um mínimo de educação política aos que deveriam ser a nossa linha de

---

161. Veja: https://oglobo.globo.com/rio/por-que-preso-nao-pode-reclamar-questiona-defensor-publico-21891992 (acesso em 11 de maio de 2018).
162. A manifestação ocorreu na rua Evaristo da Veiga, no centro do Rio de Janeiro, em frente ao Quartel General da Polícia Militar.
163. ALINSKY, Saul. *Rules for Radicals: A Pragmatic Primer for Realistic Radicals*. New York: Vintage Books, 1989, p. 26. Este livro em suas mãos tem um capítulo dedicado ao pensamento de Alinsky.

frente no combate à tirania, ao crime violento e à corrupção. Eles estão dividindo a mesa com seus próprios inimigos, por uma mistura de ignorância, ingenuidade e vergonha de sua própria prosperidade.

Permitam-me dizer uma verdade dura: os muitos anos dirigindo uma multinacional de siderurgia ou um banco não preparam ninguém para a atividade política. A única preparação para a política é o exercício da política.

Não se faz política desprezando os políticos. Evgeny Morozov, em *Para Salvar Tudo, Clique* já expôs a ingenuidade por trás das tentativas de usar tecnologia como substituta para o processo político real, aquele que envolve engajamento, contato individual com pessoas, compromissos e negociações.

Nenhum aplicativo vai substituir o brilho nos seus olhos ao falar sobre liberdade e sobre o direito à busca pela felicidade, enquanto segura as mãos de um desconhecido. Uma proposta política verdadeira é feita de um milhão de conversas assim.

Nenhuma tecnologia vai substituir o mergulho na vida real. Um candidato presidencial americano já foi derrubado em um debate quando lhe perguntaram o preço de um litro de leite.

Quantos de nossos candidatos sabem o preço de um tablete de manteiga?

A manteiga aqui é apenas um símbolo.

As pessoas votam em símbolos, e é de símbolos que se faz uma campanha — e, depois, uma nação.

Parte II | A REVOLUÇÃO PERMANENTE

Geralmente é inútil tentar apresentar fatos e análises para pessoas que desfrutam de um senso de superioridade moral em razão de sua ignorância.

Thomas Sowell

Desde que, adulto, comecei a escrever romances, tem-me animado até hoje a ideia de que o mínimo que um escritor pode fazer, numa época de atrocidades e injustiças como a nossa, é acender a sua lâmpada, trazer luz sobre a realidade de seu mundo, evitando que sobre ele caia a escuridão, propícia aos ladrões, aos assassinos e aos tiranos. Sim, segurar a lâmpada, a despeito da náusea e do horror. Se não tivermos uma lâmpada elétrica, acendamos nosso toco de vela ou, em último caso, risquemos fósforos repetidamente, como um sinal de que não desertamos nosso posto.

Erico Verissimo, *Solo de Clarineta*

O povo colhe o que os intelectuais semeiam.

Theodore Dalrymple

A Revolução Permanente[164]

O MITO REVOLUCIONÁRIO DA IMPLANTAÇÃO DA JUSTIÇA E DA IGUALDADE ATRAVÉS DA FORÇA CONTINUA CONTAMINANDO MENTES E ATRAPALHANDO O DESENVOLVIMENTO POLÍTICO E MORAL DA HUMANIDADE

PODER

O desejo de poder faz parte da natureza humana, principalmente o desejo de ter poder sobre outros homens. O poder traz benefícios evidentes: o poderoso desfruta de segurança e proteção contra inimigos, tem acesso às melhores comidas, bebidas e moradias, e pode escolher para si as companhias mais atraentes.

O fenômeno do poder está presente desde o início da história, quando o homem se organizava em tribos, e adquiriu dimensões mais formais e rituais quando foram criados os primeiros reinos e impérios. Como já explicou o grande sociólogo holandês Gert Hofstede, "o poder cria a sua própria justificativa"[165]. As justificativas criadas pelos poderosos sempre foram excelentes. Em muitas épocas e locais os reis e imperadores foram considerados deuses; depois disso, e por muito tempo — até no ocidente, em épocas relativamente recentes — a origem do poder dos reis era considerada divina. Era o *absolutismo*.

Mesmo nas poucas e excepcionais ocasiões em que a sociedade se organizou de alguma forma diferente de reinos e impérios

---

164. Partes deste texto foram originalmente publicadas como artigos em 2022 na *Revista Oeste*. Veja: https://revistaoeste.com.
165. Veja o capítulo sobre Hofstede.

— como na República romana ou na Democracia ateniense — o controle do poder sempre foi uma questão central, à qual todos os outros aspectos da vida estiveram, sempre, subordinados. E sempre ocorreram disputas ferozes para decidir quem teria o poder maior. Dependendo da época e do lugar, essa disputa se apresenta de formas bastante diferentes. Ela pode ter ocorrido pelo confronto direto entre dois exércitos em um campo de batalha. Pode ter tomado a forma de uma guerra de guerrilha, em que membros de uma resistência desafiavam uma potência invasora ou rebeldes revolucionários tentavam derrubar um caudilho. Pode ter acontecido como uma conspiração, em que adversários se uniam para eliminar um concorrente. Ou pode ter assumido a forma moderna, mais comum nas democracias ocidentais, de uma disputa eleitoral, na qual partidos políticos competem por votos.

Não deixe que as aparências o enganem.

A natureza brutal da disputa pelo poder permanecerá sempre a mesma. É um erro acreditar que o fino verniz de civilização que cobre a maior parte do dia a dia moderno — incluindo a disputa pelo poder político — representa garantia de estabilidade, moderação ou respeito. A espessura do verniz é microscópica. Rompê-lo requer pouco esforço. A mentira, a corrupção e o uso bruto da força estão sempre à espreita.

Marco Aurélio Antonino Augusto, coroado imperador de Roma no ano 160, diz em suas *Meditações* que aprendeu com um dos seus tutores, Marcus Cornelius Fronto, um dos maiores oradores da época, "a reconhecer a malícia, a esperteza e a hipocrisia que o poder produz". O imperador também diz que os cortesãos que o cercam são vaidosos e aduladores, enquanto as pessoas com quem ele lida diariamente são "intrometidas, ingratas, arrogantes, desonestas, ciumentas e grosseiras"[166]. Os poderosos vivem em uma bolha: eles estão, quase sempre, em uma de duas situações extremas: ou estão sendo adulados, ou estão sendo ameaçados de destruição.

---

166. AURELIUS, Marcus. *Mediations*. The Modern Library, New York, 2003, p. 45.

A preocupação principal dos que têm muito poder sempre foi encontrar meios de manter ou aumentar esse poder. Sempre foi assim, e assim sempre será.

O desenvolvimento de sistemas de governo mais sofisticados, complexos e regulados por constituições e leis criou, nos cidadãos ocidentais, a ilusória expectativa de que a disputa pelo poder possa ser codificada em um conjunto de regras racionais, aplicadas por autoridades imparciais e legitimadas pela participação universal e "livre" da população. Seria o governo *do povo, pelo povo e para o povo*, nas palavras imortais do presidente dos EUA Abraham Lincoln, no discurso de inauguração do cemitério de Gettysburg, em novembro de 1863, ou na original, mas largamente mitológica, democracia ateniense.

Na vida real tudo é diferente.

Embaixo da formidável arquitetura retórica e jurídica das modernas democracias ocidentais, a brutal realidade do poder, e da luta por sua conquista e manutenção, continua exatamente a mesma.

AS IDEIAS INGLESAS

Um dos equívocos intelectuais mais frequentes da modernidade — presente no ensino, na mídia e na cultura — é a ideia de que os direitos humanos "surgiram" com a Revolução Francesa. Essa ideia é promovida por uma elite urbana de alta renda que controla o poder governamental, o poder corporativo e o discurso público — a mídia — na maior parte do planeta. Essa elite vive embriagada pelas piores partes do radicalismo da Revolução Francesa de 1789, recicladas no ativismo radical "progressista" de caráter socialista e no discurso politicamente correto. Essa elite parece que nunca ouviu falar, ou esqueceu, de episódios como a Magna Carta, a Revolução Gloriosa e a Revolução Americana.

A Magna Carta, apresentada pelos barões feudais ingleses ao rei João Sem Terra em 1210 foi, na era moderna, um dos primeiros documentos a impor limites ao poder dos soberanos e a definir direitos dos súditos. Entre esses direitos estava, por exemplo, o *habeas corpus* contra prisões ilegais. Não houve sangue e nem rolar de cabeças na entrega da Magna Carta, mas estabeleceu-se um precedente e lançaram-se algumas das bases sobre as quais se construiriam projetos de sociedades livres e modernas.

Em 1642 estourou a Guerra Civil Inglesa, um confronto violento entre os defensores do Parlamento e os monarquistas partidários do rei Carlos I. Carlos era filho de James I, primeiro monarca da dinastia Stuart (James sucedera a rainha Elizabeth I, última soberana da dinastia Tudor, que morreu sem herdeiros). James e Carlos eram firmes defensores do direito divino dos reis, traduzido politicamente como *absolutismo*. Apesar disso, foi durante o reinado de Carlos I que, em 1628, o Parlamento aprovou a *Petition of Right* (*Petição de Direitos*), composta por quatro resoluções: uma protegia os indivíduos de impostos não autorizados pelo Parlamento e as outras três resumiam os direitos em vigor desde 1225, posteriormente consagrados na Lei de *Habeas Corpus* de 1679: indivíduos não poderiam ser presos sem julgamento, privados de *habeas corpus* ou detidos sem ser acusados de um crime.

Enquanto a guerra civil colocava de um lado o rei e seus apoiadores e, do outro, nobres e o Parlamento, ocorriam também disputas religiosas entre protestantes e católicos e entre protestantes da Igreja Anglicana (a religião oficial do Estado) e protestantes calvinistas, que se dividiam entre puritanos (que pretendiam purificar o anglicanismo de vestígios do catolicismo) e separatistas, que preferiam separar-se de uma vez da Igreja Anglicana.

A guerra civil, que foi travada em batalhas na Inglaterra, Escócia e Irlanda entre 1642 e 1651, terminou com a vitória das tropas do Parlamento, lideradas primeiro por Lorde Fairfax e depois por Oliver Cromwell.

A derrota do rei Carlos I levou à sua execução em 1649, ao exílio de seu filho, Carlos II, e à abolição da monarquia. Foi a primeira vez na história da Inglaterra que um monarca foi derrubado pela força.

Depois da morte de Carlos I a Inglaterra foi, nos dez anos seguintes, governada por governos provisórios; o primeiro foi a *Comunidade da Inglaterra* (Commonwealth). A Comunidade, que pode ser considerada um regime republicano parlamentarista, durou de 1649 a 1653, quando Oliver Cromwell declarou-se Lorde Protetor, dando início à segunda fase dos governos provisórios, o *Protetorado*. Apesar dos nomes, o governo de Cromwell era autoritário e ele foi efetivamente um ditador militar. A morte de Cromwell, em 1658, acabou levando à restauração da monarquia em 1660, com a coroação de Carlos II.

Carlos II ficou conhecido como o "rei alegre", por seu estilo de vida dissoluto. Foi durante seu reinado que o Parlamento aprovou a Lei de *Habeas Corpus*, em 1679, que definiu e fortaleceu a antiga prerrogativa de *habeas corpus* contra a prisão ilegal ou arbitrária.

Carlos II não deixou nenhum herdeiro legítimo. O trono foi herdado por seu irmão, James II, que herdou também um conflito religioso renovado. Carlos II havia se convertido do protestantismo ao catolicismo em seu leito de morte; James II já subiu ao trono como o rei católico de uma nação majoritariamente protestante, o que gerou animosidade, além de rejeição dos nobres e da população a medidas percebidas como ataques ao anglicanismo. A gota d'água foi a prisão e o julgamento do arcebispo de Canterbury e seis outros bispos anglicanos, acusados pelo rei de subversão. Os nobres e o Parlamento decidiram que era hora de mudar, e convidaram para assumir o trono Mary, filha de James II, que se mantivera na fé protestante e vivia na Holanda, onde seu marido, William de Orange, era o chefe de Estado. Essa foi a chamada Revolução Gloriosa de 1688. O rei católico James II exilou-se na Europa e foi substituído pelos novos soberanos, William III e Mary, instalados no poder a convite e por decisão do Parlamento.

A guerra civil e a Revolução Gloriosa tiveram profundo impacto na sociedade inglesa, levando à abolição do feudalismo e estabelecendo definitivamente que o monarca inglês não poderia governar sem o consentimento do Parlamento.

Adotada em 13 de fevereiro de 1689, a Declaração de Direitos (*Bill of Rights*) afirmou os "direitos verdadeiros, antigos e inalienáveis do povo deste reino": (1) necessidade de consentimento parlamentar para fazer ou extinguir leis; (2) ilegalidade do poder real de suspender leis; (3) ilegalidade de tribunais eclesiásticos e similares; (4) ilegalidade da criação de impostos sem o consentimento do Parlamento; (5) direito de petição ao soberano; (6) necessidade do consentimento do Parlamento para a manutenção de um exército permanente; (7) direito de ter armas; (8) eleições livres de membros do Parlamento; (9) liberdade de debate no Parlamento; (10) proibição de fiança excessiva; (11) julgamento por júri; (12) ilegalidade da tomada de propriedades antes da condenação do infrator; (13) reuniões frequentes do Parlamento[167].

Isso aconteceu em 1689 — exatos cem anos antes da Revolução Francesa. A Declaração de Direitos inglesa foi o modelo usado para redigir a Declaração de Direitos dos Estados Unidos de 1789[168].

AS IDEIAS AMERICANAS

Talvez a revolução mais impactante da história tenha sido a Revolução Americana. As 13 colônias inglesas da América do Norte, depois de protestar durante anos contra as medidas restritivas da liberdade e contra o aumento de impostos (*no taxation without representation*), usados em grande parte para financiar as guerras da Inglaterra, resolveram que chegara a hora da independência. A Revolução Americana, que começou em 1765, resultou na criação de uma nova nação, os Estados Unidos da América.

A Declaração de Independência do EUA, escrita em 1776, é um documento seminal, que inspirou e ainda inspira o sonho de liberdade ao redor do mundo. A ideia dos direitos naturais do homem,

---

167. *The Encyclopedia of World History*. 6ª ed. Houghton Mifflin Company, 2001, p. 322.
168. E, muito tempo depois, serviu como modelo para a Declaração de Direitos Humanos da ONU, de 1948.

principalmente a liberdade, está no coração da Declaração de Independência.

Os Estados Unidos se tornariam a nação mais rica e poderosa do planeta. O ponto de partida foi a Declaração de Independência, chamada por Russel Kirk de "o documento conservador mais bem sucedido da história".

Ela diz, no seu início:

> Consideramos essas verdades evidentes por si mesmas, que todos os homens são criados iguais, que são dotados por seu Criador de certos direitos inalienáveis, que entre eles estão a vida, a liberdade e a busca da felicidade. Para garantir esses direitos, os governos são instituídos entre os homens, derivando seus poderes justos do consentimento dos governados. Sempre que qualquer forma de governo se torne destrutiva desses fins, é direito do povo alterá-la ou aboli-la e instituir novo governo, estabelecendo sua base em tais princípios e organizando seus poderes de tal forma que lhes pareça mais provável garantir sua segurança e felicidade[169].

AS IDEIAS FRANCESAS

A Revolução Francesa começou em 1789 e durou dez anos. Ficou conhecida como a revolução da "Liberdade, Igualdade e Fraternidade", mas está longe de ter sido um acontecimento único e homogêneo. Ela foi, na verdade, uma série de eventos nos quais grupos rivais — principalmente liberais e radicais — disputaram o controle do Estado francês, com diferentes vencedores em momentos diferentes, e onde os perdedores acabaram exilados ou até presos e mortos. Em nome da liberdade, os revolucionários franceses

---

169. Disponível em: https://www.arqnet.pt/portal/teoria/declaracao_vport.html. Acesso em 25 de Maio de 2023.

mataram milhares de pessoas. Foi preciso até inventar um instrumento para facilitar as execuções: a guilhotina.

E depois de toda a matança, acabaram em uma ditadura, comandada por um imperador: Napoleão, que envolveria toda a Europa em guerras sangrentas e ficaria no poder até 1815, quando a monarquia foi restaurada na França.

Tanta matança, e no final volta um rei.

Em 1830 — 40 anos após o fim da Revolução Francesa — explode a Revolução de Julho, que derruba o rei Carlos X, da dinastia de Bourbon, e o substitui por seu primo Louis Philippe, da Casa de Orléans.

Foi uma "revolução" para trocar de rei.

Em fevereiro de 1848 outra revolução: cai Louis Philippe e começa a Segunda República na França. Logo depois o povo de Paris se rebela contra o governo que acabara de ser eleito. Foi mais uma rebelião sangrenta, desta vez sem sucesso.

Em dezembro do mesmo ano Louis Napoleão Bonaparte — sobrinho de Napoleão — é eleito presidente. Apenas três anos depois de sua eleição, Louis Napoleão suspende a assembleia e se proclama o Imperador Napoleão III.

Tanta revolução, tanto sangue, tantos mortos, e a França acaba sob outro imperador.

Em 1870 a França perde uma guerra contra a Prússia e Napoleão III é capturado. Paris é sitiada pelo exército prussiano e bombardeada até se render.

Cai o Segundo Império e começa a Terceira República.

Depois de tanto sangue e de tanta guerra, um governo socialista radical toma o controle de Paris e governa de março a maio de 1871. Foi a chamada "comuna" de Paris. Foi mais uma "revolução" para empilhar cadáveres nas ruas e jogar cidadãos contra cidadãos. Os integrantes da comuna prenderam um grande número de possíveis dissidentes políticos, que foram então assassinados. Na chamada "Semana Sangrenta", de 21 a 28 de maio, os exércitos de Versalhes atacaram Paris. Nesses últimos dias da comuna, dezenas de reféns foram mortos, enquanto o exército matou aproximadamente 25.000 parisienses e fez 36.000 prisioneiros, que seriam posteriormente julgados e deportados[170].

A comuna de Paris, com todo o seu sangue e violência inútil, serviu de inspiração para radicais de todo o mundo — incluindo um certo Vladimir Lenin.

Todos as mortes nas revoluções francesas, somadas, não significariam nada diante dos milhões de homens, mulheres e crianças que ainda iriam morrer massacrados pela Revolução Russa, liderada por Lenin, poucos anos depois.

O LEGADO REVOLUCIONÁRIO

Apesar de suas muitas diferenças, as revoluções Gloriosa, Americana e Francesa foram caracterizadas por um desejo comum de maior liberdade e por uma rejeição dos sistemas tradicionais de poder, especialmente o absolutismo e o feudalismo. Em cada caso, a rebelião contra os governantes procurou criar uma sociedade mais justa e livre, com enorme sucesso nos casos da Inglaterra e dos Estados Unidos e com resultados discutíveis no caso francês.

O resultado mais imediato, palpável e (exceto pelo caso da França) duradouro dos três episódios revolucionários foi o estabelecimento de novas formas de governo.

Na Inglaterra, passou a vigorar uma monarquia parlamentarista, onde o rei é o chefe de Estado, com função principalmente simbólica; o poder real fica com o parlamento, que escolhe entre os seus membros aquele que será o principal entre os ministros do rei — o *primeiro-ministro* — que exerce, efetivamente, o poder de chefe de governo.

Os Estados Unidos adotaram o modelo de uma república federativa, com três poderes independentes, baseada, em graus variados, no voto popular, e cujo arcabouço teórico tem como fun-

---

170. *The Encyclopedia of World History*. 6ª ed. Houghton Mifflin Company, 2001, p. 493.

damento a preservação dos direitos naturais contra todas as formas de tirania, principalmente a tirania do Estado e a tirania da maioria (que alguns dos fundadores dos EUA temiam acima de tudo). Muitas críticas, justas e injustas, são feitas a esse arcabouço de ideias e, principalmente, às falhas de sua transposição para o mundo real, com seu conflito eterno entre ideário e realidade (o exemplo maior talvez tenha sido a Guerra Civil americana, na qual americanos combateram americanos em solo americano, produzindo mais de meio milhão de cadáveres). Com todas as suas falhas, esse se tornou o modelo dominante no ocidente "democrático", espalhando-se pelo mundo após a Primeira Guerra Mundial.

A França, país que se tornou símbolo de revolução, alternou períodos republicanos com monarquias e impérios, e ainda seria palco de várias outras revoluções e episódios caracterizados por radicalização política extrema. A Revolução Francesa cortou a cabeça de milhares dos seus próprios criadores, e terminou na ditadura militar do general e imperador Napoleão Bonaparte — e, depois, vexame dos vexames, na restauração da monarquia. Essa revolução, para alguns, se pareceu mais com "uma sequência de expurgos, assassinatos em massa e guerra, tudo feito em nome de ideias abstratas formuladas por intelectuais vaidosos", como disse a ex-primeira-ministra britânica Margaret Thatcher[171]. Apesar de tudo, ainda reina hegemônico, na cultura moderna, o pensamento dos vaidosos radicais franceses, agora transfigurado pelo marxismo. Esse pensamento estabelece a primazia de uma suposta "igualdade" sobre todos os outros direitos, inclusive os direitos à vida, à liberdade e à propriedade. Igualdade suposta e entre aspas porque é apenas uma construção teórica ideológica, ausente, na prática, de todos os projetos políticos socialistas e comunistas que já existiram na história, *sem uma única exceção*. Não há nada mais desigual do que uma sociedade submetida a uma ditadura comunista.

---

171. GARDINER, Nile e THOMPSON, Stephen. *Liderança segundo Margaret Thatcher*. São Paulo: LVM Editora, 2022.

Há quem diga que são duas as ideias essenciais da Revolução Francesa, ambas inspiradoras dos modernos projetos políticos totalitários. A primeira é esse conceito de *igualdade absoluta* entre indivíduos, a ser imposta a ferro e fogo (e a guilhotina, fuzilamento e campos de concentração, se necessário), que é o elemento básico da doutrina socialista moderna. Essa igualdade sempre exclui os grandes líderes, que formam uma casta superior, como a *nomenclatura* soviética.

A segunda herança da Revolução Francesa seria o estabelecimento do papel do Estado como regulador racional do comportamento, do pensamento e do discurso público. *A vida privada desaparece dentro do Estado.* É preciso lembrar que os revolucionários franceses mudaram os nomes dos meses e dos dias da semana, e estabeleceram até o Culto do Ser Supremo, uma nova religião estatal que deveria substituir o Cristianismo. Maximillien Robespierre, o líder dos jacobinos, a facção mais radical da revolução, foi nomeado como Sumo Sacerdote do culto. Um mês depois ele era guilhotinado.

As duas ideias encontraram ressonância no pensamento dos socialistas utópicos, como Pierre-Joseph Proudhon, que imaginavam uma sociedade onde a fraternidade e a solidariedade pudessem corrigir as grandes questões sociais que se agravavam com a urbanização da população e o início da Revolução Industrial. As ideias de igualdade forçada e de mudança revolucionária, misturadas com um entendimento incompleto dos fenômenos econômicos, produziram o pensamento revolucionário de Karl Marx e Friedrich Engels, que se tornaria a variante dominante do socialismo e do comunismo (a partir daí chamado também de marxismo).

As muitas revoluções francesas, a "comuna" de Paris e as equivocadas ideias de Marx serviram de inspiração para Lenin (Vladimir Ilyich Ulianov), que lideraria a Revolução Russa de 1917. Em 1948 seria a vez de Mao Tsé-Tung liderar a Revolução Chinesa. Duas das maiores nações da Terra caíram sob regimes comunistas. Mas o comunismo, na prática, se revelou bem diferente do que pregara

Marx. Em 1956, as denúncias do premiê soviético Nikita Kruschev sobre as atrocidades cometidas por Josef Stalin desnudaram o caráter totalitário e criminoso de seu regime, chocando militantes comunistas em todo o planeta.

Desse choque resultaria uma mudança de estratégia: abandona-se o projeto de revolução pelas armas em favor da ideia da revolução cultural, nascida do trabalho de Antonio Gramsci e da Escola de Frankfurt, um grupo de intelectuais, quase todos alemães — Theodor Adorno, Erich Fromm, Max Horkheimer, Herbert Marcuse e Wilhem Reich — transplantados para o coração da atividade intelectual e acadêmica dos Estados Unidos. Nas décadas seguintes, outros ativistas e ideólogos ampliam e disseminam a doutrina que ficaria conhecida como *Gramscismo*.

Saul Alinksy, um dos principais discípulos dessa escola nos Estados Unidos, ensinou aos militantes de esquerda suas *Regras para Radicais*, explicando que "a questão nunca é a questão; a questão é sempre o poder". Luigi Ferrajoli, na Itália, criou o *garantismo penal*, doutrina de desconstrução da justiça criminal através da dialética marxista que apresenta o criminoso como vítima da opressão capitalista que não merece — *que não pode* — ser punido. Paulo Freire, no Brasil, inverte a lógica do sistema de ensino com a sua *pedagogia do oprimido*, que abandona o aprendizado em nome da mobilização para a revolução. Ativistas radicais espalhados pelo sistema universitário americano criam a *Teoria Crítica da Raça*, uma releitura de questões étnicas segundo os ensinamentos da Escola de Frankfurt, caracterizada por extrema virulência.

A partir da segunda metade do século XX consolida-se uma progressiva hegemonia da esquerda em áreas-chave da sociedade, como a literatura, o teatro, as artes plásticas, a música, o cinema, a TV, as escolas públicas e privadas, as universidades, a produção de leis e, finalmente, a justiça, especialmente a justiça criminal. *Quase todo o discurso público passa a ser produzido ou controlado por um ecossistema político-midiático-acadêmico de orientação marxista.*

Como explicou Olavo de Carvalho (a citação não é literal): a dominação é tão completa que se dissolve no ar e passa a ser imperceptível. É o novo normal: é o *marxismo estrutural*, parafraseando o grande Gustavo Maultasch.

É por isso que você provavelmente conhece o nome de várias ONGs que defendem os direitos dos criminosos presos e pedem maiores benefícios e menores penas, mas duvido que conheça alguma ONG que defenda os direitos dos milhões de vítimas dos crimes que acontecem todos os anos no Brasil.

O RENASCIMENTO BRASILEIRO

É assim que estávamos no Brasil do início do século XXI — vivendo sob uma hegemonia marxista estrutural completa e já quase imperceptível — quando três fenômenos quase simultâneos começaram a ocorrer. O primeiro foi tecnológico: a difusão da internet e o surgimento das redes sociais, catapultado pela popularização dos telefones celulares. De repente, todo mundo tinha opinião e todo mundo divulgava essa opinião para todo mundo. Uma "tia do zap" do interior de Goiás podia ter mais leitores em um post do que o alcance do editorial de um grande jornal.

O segundo fenômeno foi social: a retomada das ruas brasileiras pela população de bem, pelo cidadão comum, por famílias, idosos e crianças. Enquanto no restante da América Latina as ruas eram vermelhas, dominadas por movimentos de extrema-esquerda, as ruas no Brasil ficaram verde-amarelas. Enquanto no Chile os manifestantes queimavam igrejas e ônibus, no Brasil — a partir de 2014 — eles cantavam o Hino Nacional, enrolavam-se na bandeira e não jogavam lixo no chão.

O terceiro fenômeno, entrelaçado com esses dois, foi o renascimento da direita no Brasil. Esse renascimento começou timidamente, com a revitalização do pensamento liberal nacional, impulsionada por entidades como o Instituto Mises Brasil, o Instituto Liberal, o Instituto Millenium e o Instituto de Formação de Líderes, e editoras como LVM, CEDET, Avis Rara e Vide Editorial. Em seguida, foi a vez do conservadorismo brasileiro ressurgir com a criação de inúmeros grupos como o Movimento Brasil Conservador, o Instituto Brasileiro Conservador e mais recentemente o Instituto Conserva Rio, e editoras como Opção C, Editora E.D.A e BKCC.

A Operação Lava Jato foi outro evento importante do período. É difícil imaginar essa operação acontecendo em um mundo onde o acesso à informação era controlado e o sentimento da sociedade não podia ser percebido instantaneamente. Isso, inclusive, explica o que foi chamado por alguns críticos de "espetacularização" das investigações — na verdade, o que se viu, talvez pela primeira vez na história brasileira, foi uma preocupação das autoridades em dar satisfações à sociedade sobre o seu trabalho. Nada mais natural e republicano do que tentar corresponder aos anseios dos cidadãos.

O impeachment da ex-presidente Dilma Rousseff e a prisão e as condenações de políticos importantes foram consequências diretas da mobilização da sociedade, organizada nas redes e expressa em manifestações de rua cada vez maiores, coordenadas pelas redes sociais e pelo WhatsApp. Outra consequência foi a popularização da política: hoje é mais provável que o brasileiro saiba a composição de tribunais superiores do que a escalação da Seleção de futebol — um fenômeno inimaginável há poucos anos.

Por último, a consequência mais impressionante e de maior impacto: a decadência, em praça pública, da grande mídia, que entrou em uma espiral fatal de perda de credibilidade, audiência e receita. O lugar vazio foi preenchido pela ascensão de uma mídia "alternativa", liderada tanto por jornalistas de renome quanto por cidadãos comuns, que descobriram em si o interesse e a capacidade para o trabalho jornalístico.

Esses cidadãos comuns — chamados pejorativamente de *blogueiros* — somos todos nós. Pela primeira vez na história podemos nos comunicar diretamente, sem a mediação obrigatória de veículos de imprensa ou de autoridades acadêmicas. Tudo isso gerou uma forte reação do sistema — ou *establishment, mecanismo, estamento burocrático* ou *globalistas* —, chame como quiser. Essa reação tomou diversas formas.

A censura foi ressuscitada, agora de banho tomado, fofa e perfumada, sob os nomes politicamente corretos de "checagem de fatos" e "combate à desinformação". Qualquer publicação que não tenha sido feita por um veículo da grande mídia — por uma mídia de esquerda, para ser mais preciso — corre o risco de ser classificada como *fake news*.

Políticos de oposição mandaram os escrúpulos às favas e mergulharam na exploração da pandemia para ganhos político-eleitorais. Bom senso e responsabilidade cederam lugar a uma busca desesperada por "protagonismo vacinal" e a uma competição nacional para descobrir quem cometeria a violação mais grave dos direitos civis da população: transportes públicos foram cancelados, portas de lojas foram soldadas, pessoas foram presas e agredidas apenas por andar na rua, frequentar praças ou, no Rio de Janeiro — isso eu mesmo testemunhei — pelo crime de dar um mergulho no mar. Tudo *em nome da vida*.

Um inédito "consórcio de veículos de imprensa" foi formado para garantir o monopólio midiático em torno de uma mesma narrativa de terror sanitário. Ativistas políticos disfarçados de jornalistas — filhos do casamento ideológico de Paulo Freire com Stalin — iniciaram uma guerra pela disseminação de verdades "científicas" que dispensavam a ciência e demonizavam qualquer contraditório. "*Sou pela vida*" virou o grito de guerra dos jacobinos mascarados.

A mistura tóxica de ideologia, desespero eleitoral e corrupção intelectual levou ao "fique em casa" totalitário, repaginado posteriormente, em 2022, como "fique em casa *se puder*". Os ideólogos que operam dentro do sistema de justiça criminal usaram a oportunidade para soltar mais de 60 mil criminosos que estavam presos em todo o país, *para preservá-los da pandemia* — e ainda conseguiram uma decisão do Supremo Tribunal Federal determinando a suspensão de operações policiais nas comunidades do Rio de Janeiro — supostamente para não atrapalhar as medidas sanitárias. A suspensão vigora até hoje, março de 2023.

E o absurdo maior de todos, para o qual, um dia, haverá de ser instalado um tribunal especial de crimes contra a humanidade: o fechamento das escolas. Um ato insensato, anticientífico e ideológico, que significou, para várias gerações de crianças e adolescentes, a condenação a uma vida de ignorância, pobreza, vício, crime e dependência do Estado.

Ao mesmo tempo em que tudo isso ocorria, o *sistema* colocava em ação outra estratégia: o ativismo judicial. Não é necessário detalhar a trajetória recente do ativismo judicial no Brasil. Isso já foi explicado em livros espetaculares, como *O Inquérito do Fim do Mundo*; *Sereis como Deuses: o STF e a Subversão da Justiça*; *Suprema Desordem: Juristocracia e Estado de Exceção no Brasil* e *Guerra à Polícia: Reflexões sobre a ADPF 635*, todos da excelente Editora E.D.A.

Como alertou o ministro do Supremo Tribunal Federal Luiz Fux, em seu discurso de posse:

> ...alguns grupos de poder que não desejam arcar com as consequências de suas próprias decisões acabam por permitir a transferência voluntária e prematura de conflitos de natureza política para o Poder Judiciário, instando os juízes a plasmarem provimentos judiciais sobre temas que demandam debate em outras arenas.
> Essa prática tem exposto o Poder Judiciário, em especial o Supremo Tribunal Federal, a um protagonismo deletério, corroendo a credibilidade dos tribunais quando decidem questões permeadas por desacordos morais que deveriam ter sido decididas no Parlamento[172].

Os tribunais passaram a receber demandas que não envolvem interpretação jurídica, mas apenas decisões políticas. Decisões

---

[172]. Veja: https://www.conjur.com.br/dl/discurso-posse-fux-stf.pdf.

políticas são o domínio de políticos; o domínio dos tribunais é a aplicação das leis em nome da justiça.

O ativismo judicial é uma violação da autonomia e da independência dos poderes republicanos. Ele é parte da reação de um sistema acostumado durante muito tempo ao poder quase absoluto. Esse sistema se recusa a aceitar uma forma de expressão e organização política que dispense a mediação da diminuta elite urbana — uma elite que dá mais valor às opiniões de alguns servidores do Judiciário do que aos votos de milhões de brasileiros, e que se embriaga de radicalismo chique, esquecendo-se de um detalhe importante: depois de toda embriaguez, vem a ressaca.

O MELHOR QUE PODEMOS ESPERAR

Atrás de todas as teses filosóficas e dos sublimes ideais, apesar dos milhões de mortos em defesa dessa ou daquela ideologia, e das visões de liberdade e autonomia defendidas com sinceridade por muitos líderes políticos e militares, a realidade do poder tem permanecido sempre a mesma em quase todos os lugares: um pequeno grupo mantém o controle e impõe suas decisões sobre a maioria.

O melhor que podemos esperar é: primeiro, que os escolhidos para mandar em nossas vidas não sejam os piores entre nós (esse é o risco do voto popular obrigatório); segundo, que não fiquem no poder para sempre (a ideia de democracia se baseia na rotatividade de grupos no poder); terceiro, que todos — inclusive os poderosos — sigam regras, leis e constituições (essa é a definição do tão falado *Estado de Direito*), e quarto: que sempre existam, na sociedade, pessoas dispostas a fiscalizar e a denunciar erros e abusos, e que essas pessoas sempre possam fazer isso sem arriscar sua liberdade ou a própria vida (esse é o significado do direito à liberdade de expressão).

A Sociedade do Ressentimento[173]

A DOUTRINA POLÍTICA DA REVOLTA É MERA VERSÃO INTELECTUALIZADA DA SOMA DE FRUSTAÇÃO SOCIAL, EMOCIONAL, ECONÔMICA — E, FREQUENTEMENTE, AMOROSA

> *"[...] este mundo é um vale de lágrimas. Não espere que haja justiça nele. Os ímpios, em sua arrogância, crescem como um cedro frondoso. Os bons estão fadados a ser permanentemente traídos e decepcionados. O melhor que podemos esperar é que um equilíbrio entre diferentes senhores, entre males maiores e menores, permita que os humildes desfrutem de uma prosperidade moderada e temporária. Dê o melhor de si para encontrar o seu caminho até essa clareira na selva.*
>
> James Burnham, O Suicídio do Ocidente[174].

A vida é dura. Viver é difícil para a maioria das pessoas. Todo mundo tem um inventário de derrotas e perdas para chamar de seu. Todos travamos batalhas contra os acidentes, incidentes e perigos da vida: doenças, desemprego, falta de dinheiro. Em cada esquina nos espera um criminoso ou um pilantra.

A maioria dessas batalhas lutamos sozinhos.

---

173. Artigo originalmente publicado em novembro de 2022 na *Revista Oeste*. Veja: https://revistaoeste.com/revista/edicao-137/a-sociedade-do-ressentimento/.
174. Campinas: Vide Editorial, 2020, p. 9.

Ao longo da vida conquistamos e perdemos oportunidades, pessoas queridas, empregos, patrimônio e saúde. Às vezes, conseguimos recuperar as perdas; muitas outras, não. A vida é feita dessa instabilidade.

A maioria das conquistas requer esforço, sacrifício, preparo e, sempre, boa dose de sorte. Sorte é essencial: o mundo está cheio de pessoas generosas, brilhantes, trabalhadoras e estudiosas que lutam diariamente no limite da sobrevivência e terminam a vida sem ter seu valor reconhecido — e, muitas vezes, doentes, pobres e sós.

Essa é a realidade da vida.

Nós todos conhecemos histórias de pessoas que vieram do nada e construíram fortunas e impérios. Todos conhecem Steve Jobs, o fundador da Apple, e Elon Musk, o bilionário dos carros elétricos. Mas quem já ouviu falar de Leandro, que investiu suas economias para abrir uma lanchonete, faliu, e hoje, aos 54 anos, voltou a morar na casa dos pais idosos?

A verdade é que a maioria da humanidade será sempre desconhecida de nós: são pessoas honradas, que trabalharam para pagar as contas e sustentar a família, mas nunca alcançaram fama ou celebridade; apenas viveram vidas normais, nas quais altos e baixos se sucederam. Nas palavras de Guimarães Rosa: "Foram felizes e infelizes, alternadamente".

A maioria dessas pessoas — a esmagadora maioria — nunca teve poder sobre nada ou ninguém. O rumo e a qualidade de suas vidas sempre estiveram sujeitos a forças maiores e completamente fora do seu controle: sistemas políticos corruptos, leis complexas, caprichos de governantes, revoluções sangrentas e recessões devastadoras.

Temos planos e sonhos, mas somos um pequeno barco de papel em um oceano revolto. A verdade dura é essa: é grande o contraste entre o muito que pretendemos ser e o pouco que, na realidade, a maioria de nós consegue conquistar. Isso não é pessimismo; é constatação.

Diante disso, o ser humano se divide, basicamente, em dois grupos.

O primeiro grupo é formado por pessoas que encaram essa realidade e seguem em frente, motivadas pela determinação de superar obstáculos. Apesar das perdas e derrotas, essas pessoas seguem amando, trabalhando, cuidando de suas famílias e investindo em planos e projetos, grandes ou pequenos. Esse grupo lida com suas limitações e frustrações — incluindo saúde frágil, falta de dinheiro e pouca instrução — e vive normalmente, trabalhando, produzindo e encontrando alegria e satisfação onde é possível.

Mas as mesmas dificuldades provocam, em outras pessoas, sentimentos de inferioridade e derrota insuperáveis, que arruínam suas vidas.

Incapazes de aceitar as limitações impostas pela dura realidade, elas se entregam ao rancor, ao ressentimento e à tentação de culpar alguém — a sociedade, a classe opressora, a desigualdade, os alimentos transgênicos, o aquecimento global ou a "mais valia" — por tudo que deu errado em suas vidas.

Essas pessoas encontram na ideologia revolucionária de esquerda — variadamente chamada de marxismo, comunismo, socialismo ou progressismo — a expressão perfeita para seu rancor. A frustração existencial e os sonhos nunca realizados alimentam esse ressentimento coletivo, transformando-o em estrutural: uma chama gigante que se propõe a queimar o imperfeito mundo e recomeçá-lo do zero.

A doutrina política da revolta é mera versão intelectualizada — ou, no dizer dos intelectuais, uma versão dialética — da soma da frustação social, emocional, econômica — e, frequentemente, amorosa — de milhões de ressentidos. Esse rancor fermenta em uma disposição violenta para "fazer a revolução" — não importa muito o que isso signifique em vidas.

A ideologia da revolta fornece justificativas e explicações "científicas" para o catálogo de perdas e danos que todos trazemos conosco. Se você não conseguiu comprar uma casa depois de toda uma vida de trabalho, é porque a propriedade privada é um crime. Se você não conseguiu formar uma família estável, é porque a família é uma invenção opressora burguesa que precisa ser destruída. Se as drogas, o álcool ou a promiscuidade te impediram de encontrar a realização emocional ou uma carreira estável, é melhor então que todo mundo também seja promíscuo e dependente químico.

O pensamento do revolucionário rancoroso pode ser resumido da seguinte forma: quero obrigar os outros a sofrerem os males que eu sofri e a cometerem os erros que eu cometi, porque isso reduz minha sensação de derrota e solidão.

Diante disso, parece justo dizer que podemos classificar os ativistas revolucionários em dois grupos. O primeiro é o grupo ideológico. Ele é formado pela pequena porcentagem de militantes que realmente entende e subscreve as propostas socialistas. Eles representam, no máximo — é meu palpite —, 5% dos ativistas.

O segundo grupo, que compõe a maioria restante, é formado por pessoas em busca de uma expressão social e política para seu rancor, e de uma explicação dialética e "científica" para fracassos, derrotas e frustrações que eles não conseguiriam aceitar ou superar de outra forma.

O que a ideologia de esquerda lhes diz é que os períodos amargos ou o resultado infrutífero de suas vidas não são culpa deles e nem do acaso. A derrota do esquerdista é sempre culpa da superestrutura capitalista, do mercado selvagem ou de um mecanismo terrível de opressão que precisa ser destruído.

Nessa fantasia ideológica o militante esquerdista encontra mais do algo para ocupar seu tempo ou uma forma de justificar erros e pecados; ele encontra o preenchimento de um vazio existencial.

Em épocas passadas esse vazio era preenchido pela religião, por relações familiares ou até por afiliações a uma tribo ou a um soberano. Hoje, para muitos, isso tudo foi substituído pelas fantasias do progressismo.

A vida é injusta, dolorosa e incerta. Mas, para o esquerdista, quando a revolução vencer, tudo será só felicidade.

A contradição entre a realidade objetiva do mundo — os problemas complexos que precisam ser entendidos e resolvidos — e a resposta dada a esses problemas pelas políticas esquerdistas, que sempre produzem ruína e massacres, são irrelevantes para os ativistas do rancor.

O fracasso absoluto de todos os regimes socialistas não representa nada diante da oportunidade de redimir o ressentimento, a frustração e os erros de toda uma vida. Diante dessa possibilidade — por mais fantasiosa que possa ser —, o impulso para a rendição ao totalitarismo vingativo se torna irresistível.

Mas a fantasia socialista não muda a realidade da vida.

"Todas as sociedades", disse James Burnham, "inclusive as ditas democráticas, são governadas por uma minoria". Embora essa minoria, a elite governante, procure legitimar seu poder aos olhos da sociedade, no final, segundo Burnham, "o objetivo primordial de toda elite, ou classe governante, é manter o próprio poder e privilégio".

O melhor que podemos esperar é que sempre exista, no nosso meio, uma massa crítica de indivíduos informados e independentes, exercendo vigilância permanente contra o arbítrio e o totalitarismo. No mundo atual, a grande ameaça à liberdade vem da ideologia marxista, uma erva violentamente venenosa que germina e cresce no solo fértil do ressentimento.

Que nossa revolta e nossa indignação, diante das injustiças e dos crimes, nunca fertilizem esse solo infame.

Marx e seu legado de miséria e opressão[175]

COMO FILOSOFIA, O MARXISMO É UMA BOBAGEM. COMO DOUTRINA POLÍTICA, UMA FRAUDE

Marxismo é uma doutrina política tatibitate, que tem obsessão por uma única ideia: tudo no mundo se resume à "luta de classes".

Para essa questão, a solução universal marxista é sempre "derrubar a classe dominante" e implantar uma certa "ditadura do proletariado".

É lógico que esse termo sempre causa estranheza. Afinal, ditadura é uma coisa ruim, certo? Nem sempre, apressam-se a explicar os teóricos marxistas (eles estão em todos os lugares). Na verdade, a tal "ditadura do proletariado" é o reino da "justiça social", onde ninguém será mais dono de nada e todo mundo será feliz.

Essa é uma das características principais do modelo comunista de sociedade: acaba a propriedade privada. No comunismo, nada pertencerá a ninguém, nem mesmo ao Estado. Toda a propriedade será comum; tudo pertencerá a todos.

Se parece tolice, é porque é tolice mesmo.

Como filosofia, o marxismo é uma bobagem — uma doutrina reducionista, incapaz de compreender o mundo e ignorante dos princípios básicos da economia, do funcionamento da sociedade e da natureza humana. Disse Edmund Wilson:

---

[175]. Artigo originalmente publicado em dezembro de 2022 na *Revista Oeste*. Veja: https://revistaoeste.com/revista/edicao-144/querido-youtube/.

> O pensamento de Marx [...] apresenta os processos sociais em termos de abstrações lógicas [...]. Ele quase nunca enxerga os seres humanos comuns[176].

Marx viveu durante o período da Revolução Industrial, e não soube interpretar o que testemunhava.

Na sua visão, os operários ficariam cada vez mais pobres, e os empresários cada vez mais ricos, até que o sistema capitalista desabaria. A realidade se mostrou diferente: graças aos ganhos de produtividade, à evolução das técnicas de gestão e à criação de um mercado de consumo de massa, a prosperidade capitalista foi compartilhada com toda a sociedade.

Um operário de hoje tem acesso a bens e serviços com os quais um nobre do século 18 nem poderia sonhar. A riqueza foi compartilhada, e o padrão de vida de toda a humanidade melhorou. Jamais houve uma revolução operária comunista; todas as revoluções "comunistas" foram projetos de tomada de poder liderados ou dirigidos por indivíduos de classe média, e camuflados com besteirol ideológico para consumo das "massas" e como justificativa para as monstruosidades e genocídio cometidos em nome da "justiça social".

J. O. de Meira Penna, em seu livro *A Ideologia do Século XX*, chama Fidel Castro de "um pequeno burguês intelectualizado"[177].

Diz o ideólogo esquerdista Saul Alinsky: "foi da classe média que vieram os grandes líderes das mudanças nos séculos passados: Moisés, Paulo de Tarso, Martin Luther King, Robespierre, Danton, Samuel Adams, Alexander Hamilton, Thomas Jefferson, Napoleão Bonaparte, Giuseppe Garibaldi, Lenin, Mahatma Gandhi, Fidel Castro, Mao e tantos outros"[178].

---

176. WILSON, Edmund. *To The Finland Station*. Farrar, Straus e Giroux, 2012, p. 156.
177. MEIRA PENNA, J. O. *A Ideologia do Século XX*. Campinas: Vide Editorial, 2017, p. 29.
178. ALINSKY, Saul. *Rules for Radicals: A Pragmatic Primer for Realistic Radicals*. Nova York: Vintage Books, 1989, p. 20.

Aliás, sobre isso, conta Thomas Sowell:

> Ele [Marx] nasceu na pequena cidade alemã de Trier, na Renânia, em 1818, em uma elegante casa de três andares em um bairro nobre da cidade. Um barão morava perto, e sua filha de quatro anos estava destinada a se tornar a esposa de Karl Marx. As pessoas que assinaram como testemunhas na certidão de nascimento de Karl Marx foram cidadãos proeminentes. Os Marx, como seus vizinhos e amigos, tinham servos, propriedades, educação e fama local [...]. O pai era um próspero advogado, que também possuía vinhas, bem como casas cujos aluguéis complementavam sua renda[179].

Por isso, como doutrina política o marxismo é uma fraude. Todos os políticos, ativistas e ideólogos que chegaram ao poder em revoluções "marxistas" se tornaram a nova classe dominante, reproduzindo e, quase sempre, piorando muito a opressão que diziam combater.

A repressão política, a censura, a tortura e os massacres ordenados por Stalin e Lenin superaram em muito as piores atrocidades cometidas pelos czares russos que eles substituíram.

Pierre-Joseph Proudhon foi um socialista, político, filósofo e economista francês do século XIX. Em 1846, Marx convidou Proudhon para fazer parte do que era o nascente projeto comunista.

Proudhon respondeu que ficaria feliz em participar, mas fez uma ressalva fundamental:

> Tomo a liberdade de fazer certas reservas, que são sugeridas por vários trechos de sua carta [...]. Vamos colaborar na tentativa de descobrir as leis da sociedade, a maneira como essas leis funcionam, o melhor método

---

179. SOWELL, Thomas. *The Thomas Sowell Reader*. Basic Books, 2011, p. 175.

para investigá-las; **mas, pelo amor de Deus, depois de termos demolido todos os dogmatismos, não podemos tentar incutir outro tipo de doutrina no povo** [...] simplesmente porque estamos à frente de um movimento, **não podemos nos colocar como líderes de uma nova intolerância, não nos façamos passar por apóstolos de uma nova religião — mesmo que esta religião seja a religião da lógica, a religião da própria razão.** Vamos receber e encorajar todos os protestos; condenemos todas as exclusões, todos os misticismos; nunca consideremos uma questão como encerrada, e, mesmo depois de termos esgotado nosso último argumento, vamos recomeçar, se necessário, com eloquência e ironia. Nessas condições, ficarei honrado em participar do seu projeto — se não for assim, minha resposta é não[180].

Proudhon nunca aderiu ao comunismo. Ele, antes da maioria, percebeu que o projeto de Marx era apenas substituir uma forma de opressão por outra, que seria justificada ideologicamente.

A verdade, como disse o sociólogo Gert Hofstede, é que "o poder cria a sua própria justificativa". O marxismo fornece uma justificativa despótica pronta para uso, das estepes geladas da Rússia às florestas da América Latina, passando pelos desertos e selvas da África.

A verdade é muito simples, e fácil de verificar: *nenhum ditador comunista acredita em comunismo. Eles apenas usam a ideologia marxista como instrumento para conquistar e manter o poder, como poderiam usar qualquer outra.*

Como sistema de governo, o marxismo se reduz a um método de extermínio em massa, responsável pelo assassinato de cente-

---

180. WILSON, Edmund. *To The Finland Station*. Farrar, Straus e Giroux, 2012, p. 182. Destaques meus.

nas de milhões de pessoas. É impossível contar o número exato de vítimas que foram mortas para que o triunfo do marxismo fosse possível em países como Rússia e China. No Camboja, o ditador marxista Pol Pot — que tinha sido educado na França — matou o equivalente a 25% da população do seu país.

Se isso tivesse acontecido no Brasil, 50 milhões de pessoas teriam sido assassinadas — mais do que toda a população do Estado de São Paulo.

O livro *Rumo à Estação Finlândia*, do historiador Edmund Wilson, dá informações importantes sobre como o marxismo já nasceu contaminado pelo erro e pela destruição de vidas.

O criador do marxismo — Karl Marx — foi um fracassado, que gastou a herança da esposa, Jenny von Westphalen, jogou a família na miséria e dependeu a vida inteira, para seu sustento, de um amigo, Friedrich Engels, cujo pai, Caspar Engels, era um rico empresário capitalista, com negócios em Barmen, na Alemanha, e Manchester, na Inglaterra.

Engels, o precursor da esquerda caviar, usava o dinheiro paterno para financiar o nascimento do comunismo, mas tinha desprezo pelo pai, que o sustentava, e repulsa pela empresa que ele havia construído. Em uma carta a Marx, ele relata:

> Deixei-me influenciar pelos argumentos de meu cunhado e pelos rostos melancólicos de meus pais para fazer mais uma tentativa de trabalhar neste comércio imundo, e estou trabalhando no escritório há 14 dias [...] roubar dinheiro é muito assustador [...] perder tempo é muito assustador e, acima de tudo, é muito assustador permanecer não apenas um burguês, mas um dono de fábrica, um burguês trabalhando contra o proletariado. Alguns dias na fábrica do meu velho me forçaram a reconhecer o horror disso...[181].

---

181. Idem. *Ibidem.*, p. 176.

Marx era violento e arrogante, diz Edmund Wilson, além de "anormalmente desconfiado e invejoso; certamente era capaz de ser vingativo e de cometer maldades gratuitas"[182]. Marx gostava de humilhar adversários e rivais, especialmente aqueles sem muita escolaridade, usando seu título acadêmico de doutor em filosofia. "O comportamento de Marx costumava ser tão provocador e intolerável que suas propostas eram sempre rejeitadas, porque todos aqueles cujos sentimentos haviam sido feridos por seu comportamento apoiavam tudo o que Marx não queria"[183].

Diz Wilson:

> ...Karl Marx não hesitou, em sua busca pelo poder sobre a classe trabalhadora, em romper com líderes operários, ou mesmo em destruí-los. Ele não conseguia persuadir ou vencer ninguém; exceto no caso de poucos discípulos devotados, ele era incapaz de gerar lealdade pessoal; ele não conseguia convencer as pessoas que o desafiavam, ou de quem ele discordava, a trabalhar para ele; e, no que diz respeito à classe trabalhadora em particular [...], suas ligações com ela sempre foram muito remotas[184].

A família de Marx sofreu tanto com sua inconsequência que vários de seus filhos morreram ainda na infância, e duas de suas filhas adultas cometeram suicídio.

Como se pode esperar que uma teoria de salvação do mundo pudesse ser criada por um homem incapaz, moral e fisicamente, de criar, nutrir e proteger a própria família? Como esperar uma teoria geral das relações econômicas vinda de uma pessoa incapaz de prover o seu próprio sustento e o de seus filhos?

---

182. Idem. *Ibidem.*, p. 178.
183. Idem. *Ibidem.*, p. 199.
184. Idem. *Ibidem.*, p. 198.

Apesar disso, ainda encontramos muitos marxistas no mundo de hoje.

Por quê?

Quem explica é A. C. Grayling, que diz que as ideias marxistas continuam a exercer influência na cultura e na filosofia:

> [...] Principalmente na análise e na crítica de tendências nas artes e na mídia, em certas escolas de pensamento sociológico, no pensamento feminista, e como uma posição conveniente para críticos de quase todos os assuntos. No confortável mundo dos professores universitários assalariados, a retórica marxista pode ser combinada com, digamos, ideias lacanianas — na verdade, com qualquer ideia — para produzir dissidência instantânea e sob medida[185].

Como uma espécie em extinção, o marxismo encontrou no meio acadêmico seu último refúgio. O marxismo é muito útil para aqueles que precisam aparecer e chamar a atenção da mídia, mas não têm nada a dizer.

A solução é simples. Basta apelar para o marxismo e sua "luta de classes".

Aplicado a qualquer assunto, o marxismo transforma a questão — seja ela qual for — em uma luta revolucionária entre oprimidos e opressores, e gera visibilidade e prestígio para o "especialista" ou acadêmico que a invoca.

Muitas questões importantes hoje são tratadas quase exclusivamente de forma marxista.

O marxismo aplicado às questões étnicas virou a "teoria crítica da raça".

O marxismo aplicado ao direito virou "garantismo penal".

---

185. GRAYLING, A. C. *Ideas That Matter: The Concepts That Shape The 21st Century*. Basic Books, 2010, p. 227.

O marxismo aplicado à educação virou a "pedagogia do oprimido".

O marxismo aplicado à religião virou a "teologia da libertação".

O marxismo aplicado à sexualidade virou a "ideologia de gênero".

O domínio das ideias marxistas na sociedade moderna é quase completo. Os únicos que resistem a isso são os conservadores e alguns liberais (há liberais que escolheram interpretar o liberalismo como um *marxismo sapatênis*).

Antes que eu esqueça: Karl Marx, o patrono da classe operária, engravidou a empregada de sua família, Helen Demuth. Engels fingiu que era o pai, e Demuth foi obrigada a confirmar a farsa.

A criança, Fredrick Demuth, foi doada, para ser criada por uma família de classe trabalhadora, em Londres.

O segredo foi preservado por mais de quatro décadas.

Em 1895, em seu leito de morte, Engels confessou a verdade a Eleanor Marx — uma das duas filhas sobreviventes de Marx.

Ela ficou arrasada com a revelação.

Três anos depois, Eleanor se suicidou[186].

Em 1911, a outra filha de Marx, Jenny, suicidou-se.

O filho descartado por Marx, Freddy Demuth, cresceu como uma criança abandonada e solitária.

O criador da ideologia que iria redimir a humanidade e pôr fim a todas as desigualdades e injustiças deixou um legado de sofrimento, traição, miséria e opressão, que matou milhões e atormenta a humanidade até hoje.

Esse é o legado do marxismo.

---

186. Veja: https://www.nytimes.com/1983/03/14/opinion/what-marx-hid.html

UMA COLEÇÃO DE APETITES[187]

ESQUEÇA MÉRITO, INTELIGÊNCIA, CONHECIMENTO, BONDADE OU CORAGEM: O VALOR DE HOMENS E MULHERES PASSA A SER MEDIDO APENAS PELO EXOTISMO DE SUA SEXUALIDADE

> *"Assim como uma preocupação exclusiva coma morte nos tornaria morbidamente deprimidos e ineficazes, uma obsessão com sexo só pode levar a uma existência superficial e narcisista, porque foge da realidade e rouba da vida aquilo que torna cada momento singularmente significativo — o fato de que pode ser o nosso último momento na Terra".*
>
> Bruno Bettelheim, *Freud e a Alma Humana.*

A hiperssexualização da cultura e do comportamento é uma das marcas do movimento progressista. Para essa turma, absolutamente tudo tem a ver com sexo.

Essa hiperssexualização inibe o intelecto, desidrata ou amputa laços afetivos e subordina todos os outros aspectos da vida — como o espiritual, o estético, o artístico, o cívico e o moral — a uma obsessão permanente com nudez, genitália e copulação.

O ato sexual é despido de qualquer significado emocional e transformado em mercadoria de massa e instrumento de controle ideológico.

---

187. Artigo originalmente publicado em setembro de 2022 na *Revista Oeste*. Veja: https://revistaoeste.com/revista/edicao-129/uma-colecao-de-apetites/.

Sobe na escala da virtude e da celebridade o indivíduo que produz a exibição mais grosseira e escatológica de seus órgãos genitais e suas relações íntimas. Aquilo que deveria constituir o universo amoroso privado de cada um é exibido em praça pública como troféu. Promiscuidade se torna o passaporte de entrada no clube dos ungidos. Quanto mais visível, melhor.

"Diversidade sexual" se torna a ordem do dia. Mas o que exatamente significa isso? Significa apenas usar orientação e hábitos sexuais como critério superior e absoluto na avaliação de um ser humano e de sua adequação a um grupo ou função.

Esqueça mérito, inteligência, conhecimento, perseverança, bondade ou coragem: o valor de homens e mulheres passa a ser medido apenas pela exuberância, pela visibilidade e pelo exotismo de sua sexualidade.

Mas o foco que o progressismo coloca na "diversidade sexual" revela, na verdade, apenas uma obsessão adolescente com sexo e um pensamento reducionista primário que transforma as preferências amorosas de cada indivíduo no elemento definidor de sua identidade.

Não são poucos os casos de atores ou músicos, por exemplo, com produção artística rudimentar, cujas carreiras são sustentadas apenas pela contínua exibição pública de detalhes íntimos de suas vidas amorosas. Esse sacrifício permanente da privacidade e da individualidade é recompensado com celebridade, venda de ingressos e contratos com departamentos de marketing em busca de lacração.

Como já apontaram muitos autores, entre eles o cientista político David Horowitz e o líder ativista Saul Alinsky, a esquerda se apropriou de algumas das principais causas sociais para transformá-las em instrumentos políticos e ideológicos na busca pelo poder. Usando uma posição hegemônica na mídia e na cultura, e através do trabalho de exércitos de ativistas, pautas como defesa dos direitos humanos, defesa das minorias, proteção do meio ambiente e luta contra o racismo foram associadas ao radicalismo político socialista e marxista.

O marxismo aplicado às questões étnicas virou a teoria crítica da raça. O marxismo aplicado ao Direito virou garantismo penal. O marxismo aplicado à educação virou a pedagogia do oprimido. O marxismo aplicado à sexualidade virou a ideologia de gênero.

Quando se trata de transformar sexualidade em arma política, a insanidade ideológica revolucionária não se intimida nem mesmo diante da realidade mais concreta e evidente. A aplicação do marxismo à própria biologia transformou o que é uma característica essencial de cada ser vivo, impressa em seu DNA — o seu sexo —, em uma escolha a ser feita dentro de um infinito menu de possibilidades, todas elas criadas na busca incessante por divisão, radicalização e desfiguração emocional e cognitiva.

A aplicação da mentalidade revolucionária aos aspectos mais íntimos da natureza humana, em especial à sexualidade, quase sempre condena suas vítimas a uma vida de revolta vazia, ressentimento, frustração conjugal e solidão.

Que esse seja o caminho escolhido por adultos conscientes é triste, mas compreensível, diante da posição dominante conquistada pelo progressismo na cultura popular.

Mas o pior aspecto desse fenômeno é, provavelmente, a invasão dos espaços da infância e da adolescência pela militância sexual de caráter marxista revolucionário. A erotização precoce e excessiva desfigura a trajetória intelectual e emocional de crianças e adolescentes e transforma o ser humano em uma mera coleção de apetites.

Infância e adolescência são etapas formativas da personalidade. É normal que algumas crianças e jovens se sintam confusos em relação à sexualidade. O que a ideologia de gênero faz é tornar essa confusão obrigatória para todas as crianças e todos os adolescentes.

E isso é absurdo e inaceitável.

Seria o Fascismo uma ideologia de esquerda[188]?

Fascismo e comunismo se apresentam como inimigos, mas são irmãos gêmeos, nascidos no mesmo berço revolucionário e assassino do marxismo

> *Eu repito: o Fascismo e as ditaduras militares não são apenas o destino provável de todas as sociedades comunistas — especialmente quando as populações se revoltam — mas o Comunismo é, em si mesmo, o tipo mais bem-sucedido de Fascismo. Fascismo com uma face humana.*
>
> Susan Sontag

Talvez seja justo — e historicamente correto — dizer que ditadores não seguem nenhuma ideologia. A única ideia que os move é a permanência no poder. Ainda assim, não deixa de ser importante entender as origens das ideologias totalitárias que transformaram vidas humanas em espetáculos de morte, sofrimento e miséria.

Essas ideias ainda enganam muitos tolos, com suas promessas de utopia implantada a ferro e fogo — promessas que sempre

---

188. Artigo originalmente publicado em agosto de 2022 na *Revista Oeste*. Veja: https://revistaoeste.com/revista/edicao-127/por-que-o-fascismo-e-uma-ideologia-de-esquerda/.

terminam nos paredões de fuzilamento ou em campos de concentração.

As ideias totalitárias entram em confronto umas com as outras. É a versão planetária daquilo que, aqui no Brasil, ficou conhecido como o teatro das tesouras: uma falsa disputa entre duas forças políticas muito semelhantes, que competem uma com a outra, em busca dos mesmos objetivos. Elas não são inimigas; elas são concorrentes.

Assim ocorre com o suposto confronto entre fascismo e comunismo. Não existe confronto. Existe competição. O fascismo se originou do comunismo; é uma variante do mesmo vírus autoritário.

Confrontos entre comunistas e fascistas são meras disputas de poder entre monstros totalitários. Para os líderes fascistas e comunistas, as ideias são irrelevantes. Os seres humanos também.

Mas vamos começar do início.

Quem acompanha a mídia — brasileira e internacional — faz logo uma descoberta surpreendente: os partidos e os políticos de esquerda agora são chamados de "centro" ou "centro-esquerda". E qualquer força política que se oponha a essa "centro-esquerda" agora é automaticamente chamada de extrema-direita.

Mas essa não é uma representação correta da realidade.

Na verdade — e ainda que isso desagrade a muita gente —, o mundo é hoje dividido entre duas visões de organização política, econômica, social e moral da sociedade: a visão da esquerda e a visão da direita.

Não existe nenhuma "terceira via".

Nas democracias modernas, a esquerda é formada por comunistas, socialistas e socialdemocratas. Nessas mesmas democracias, a direita é formada pelas forças que se opõem à esquerda: conservadores, liberais e libertários.

E os extremos?

A extrema-esquerda é formada pelos elementos radicais de esquerda, que também são socialistas ou comunistas.

A diferença entre a esquerda e a extrema esquerda não é de natureza, é de intensidade. Dizendo de outra forma: a extrema-esquerda quer exatamente as mesmas coisas que a esquerda — partido único, ditadura do proletariado, fim da propriedade privada, coletivização e estatização da economia. A diferença é que, enquanto a esquerda obedece — mais ou menos — às regras do jogo democrático (até chegar ao poder, claro), a extrema-esquerda prega e pratica abertamente diversas formas de violência, como ameaças a opositores, distúrbios de rua, "ocupações", assassinatos, terrorismo e guerrilha (o enfrentamento armado ao Estado).

Mas, na direita, a situação é completamente diferente.

A diferença entre a direita e o que se convencionou chamar de "extrema-direita" *não é de intensidade, mas de natureza.*

O pensamento político e as práticas das correntes políticas de direita nada têm a ver com o que se convencionou chamar de "extrema-direita".

É fácil constatar isso: a direita moderna é formada por conservadores, liberais e libertários. Todas essas correntes de pensamento têm como foco o indivíduo. Todas elas consideram os direitos à vida, à liberdade e à propriedade como direitos naturais sagrados.

Todas as correntes de pensamento da direita pregam um Estado enxuto, cuja função principal é garantir os direitos do indivíduo — direitos que foram dados pelo Criador, não pelo Estado — e interferir o mínimo possível na vida e na iniciativa privadas. Isso é exatamente o oposto do que pregam as ideologias chamadas de "extrema-direita" como fascismo e nazismo.

É justo, então, perguntar como fascismo e nazismo podem ser "de direita" se o seu ideário — totalitário, ultraviolento, coletivista e adorador do Estado — não tem nenhum ponto em comum com o ideário dos conservadores, dos liberais ou dos libertários que formam a direita.

Como uma corrente política pode ser chamada de "extrema-direita" se, para começo de conversa, nem de direita ela é?

Isso levou muitos pensadores e autores a questionarem se fascismo e nazismo têm, realmente, algo a ver com a direita, ou se são, na verdade, simples variantes do totalitarismo de esquerda. Por exemplo, no seu livro *Sobre Moeda e Inflação*, o economista Ludwig von Mises se refere ao "nacional-socialismo" como "a versão alemã do comunismo".

Essa linha de argumentação encontra sustentação em elementos inquestionáveis: as inúmeras semelhanças entre as doutrinas fascista e comunista; o passado socialista de Mussolini, o líder italiano inspirador do fascismo; e o fato histórico, facilmente comprovável, de que nazismo é uma abreviatura do termo alemão que significa "nacional-socialismo", ou socialismo nacional. O nome completo do partido nazista alemão era Partido Nacional-Socialista dos Trabalhadores Alemães. O nome diz tudo. Por que algum partido se denominaria socialista, se não o fosse?

Confirmações dessa tese vêm de locais improváveis, como o livro *Regras para Radicais*, do ativista norte-americano de esquerda Saul Alinsky, guru de toda a esquerda moderna. Alinsky admite que "alguns grupos da extrema esquerda foram tão longe no círculo político que se tornaram indistinguíveis da extrema direita".

O fenômeno descrito por Alinsky acontece porque a "extrema-direita" é, na verdade, uma variante da extrema-esquerda. De "direita", mesmo, ela não tem nada.

A filosofia política da direita privilegia o indivíduo e sua liberdade, e limita o Estado ao papel de garantidor dos direitos fundamentais. Uma "extrema-direita" levaria esses conceitos ao seu limite, pregando — quem sabe? — a eliminação total do Estado e uma liberdade individual quase ilimitada.

Uma extrema-direita verdadeira seria uma versão radical do libertarianismo, jamais uma doutrina totalitária e assassina como o fascismo.

São óbvios os inúmeros pontos em comum entre os regimes comunistas e fascistas: glorificação do Estado, desprezo pelo indivíduo e seus direitos, coletivização forçada, partido único e uso da violência — campos de concentração, tortura, tribunais de exceção, assassinato de opositores — como instrumento de ação política.

A única diferença entre o fascismo e o comunismo é que o fascismo fuzila inocentes em nome da "raça", enquanto o comunismo fuzila em nome da "classe".

Para quem é fuzilado, não faz diferença alguma.

O confronto entre comunismo e fascismo, longe de representar um conflito entre ideologias opostas, é apenas a disputa monstruosa entre dois regimes totalitários assassinos, competindo pelo monopólio do poder. É um fato histórico a aliança entre comunistas soviéticos e nazistas alemães no início da Segunda Guerra Mundial. Através da assinatura do pacto Ribbentrop-Molotov, comunistas e nazistas dividiram a Europa entre eles. O pacto foi finalmente violado pela Alemanha. Se dependesse dos comunistas, a aliança com os nazistas teria perdurado até hoje.

Fascismo não é o oposto, e muito menos o contrário do comunismo; na verdade, é sua alma gêmea. Fascismo e comunismo são monstros gerados do mesmo ovo de serpente. Ambos têm o mesmo objetivo: colocar no poder um pequeno grupo que goza de poder absoluto, enquanto a maioria da sociedade é reduzida à servidão e à pobreza mais absoluta.

Fascismo e nazismo nada têm a ver com o pensamento da direita moderna — o pensamento liberal de Hayek e Mises, o pensamento conservador de Burke e Kirk ou as ideias libertárias de Walter Block e Hans-Hermann Hoppe. Ao contrário: os maiores oponentes dos regimes totalitários, nos dias de hoje, são exatamente os liberais e os conservadores (no campo político, principalmente esses últimos).

Repetindo: as pautas principais da direita moderna são a defesa da liberdade, da autonomia e da independência do indivíduo, a defesa dos direitos naturais — principalmente direito à vida, à propriedade e à autodefesa — e a rejeição a todo tipo de tirania e coletivismo. Portanto, diz a lógica mais básica, nenhum movimento político que viole esses princípios pode ser considerado "de direita".

Por definição, não existe conservador extremista. É impossível a existência de uma "extrema-direita conservadora", pelo simples fato de que, se é extrema, não é conservadora.

Por isso, da próxima vez que um comunista — ou socialista ou "progressista"— tentar usar os crimes do fascismo para atacar a direita, explique isso a ele: fascismo nada tem a ver com direita. Fascismo é um regime totalitário criado por Mussolini, nascido da costela do comunismo, ao qual está ligado por ideias, políticas, líderes e crimes.

Fascismo, nazismo, comunismo e socialismo são ideologias totalitárias, promotoras do extremismo, do atraso e da miséria, nascidas no mesmo berço e que pertencem, todas elas, à lata de lixo da história.

Fascismo é comunismo com o sinal trocado.

Em uma sociedade informada e consciente, nenhuma dessas duas ideologias deveria ser aceita, promovida ou permitida no jogo político.

NÓS AQUI CONSIDERAMOS

Vou à agência de um banco estatal resolver um assunto. Checam a documentação. "Falta xerox da identidade, da carteira de trabalho e do CPF". Atravesso a rua até a lotérica, tiro as cópias, volto. Nova conferência de documentos. Pego a senha e tomo meu lugar em uma das cadeiras duras para esperar o atendimento.

Na minha frente há uma fileira de mesas. Em cada mesa, um burocrata está ocupado em uma atividade misteriosa. Não olham para nós, os "clientes". Deve ser resultado de anos de prática, essa habilidade em não deixar que seus olhos caiam sobre os suplicantes, meros pagadores de impostos, cada um com seu problema. Nenhum burocrata tem pressa. Daria para construir pirâmides no tempo em que esperamos. Ao meu lado há pessoas humildes, senhoras idosas, um homem de bermuda. Somos o povo; somos nós que construímos as pirâmides. Depois que os burocratas autorizam.

Depois de séculos me chamam. Nova conferência de documentos. "Esse número '9' aqui está rasurado", diz a burocrata, apontando, em um documento, uma data qualquer, irrelevante para o assunto em questão. Diante da minha expressão vazia ela reafirma: "Está vendo a perninha do '9'? Nós aqui consideramos isso uma rasura". Claro, eu penso: a sociedade te deu esse poder, o de "considerar" uma determinada realidade do jeito que você quiser, e pronto.

O que fazer diante de uma posição tão firme? Engolir o desespero silencioso e voltar lá na empresa — que pode ser longe, do outro lado do mundo, na China, não importa, não faz diferença — e pedir que façam uma "anotação", corrijam e perna do "9" e assinem de novo.

E depois rezar para, na volta, não ser atendido por outro burocrata que encontre outro problema, e me mande dar voltas ao mundo em uma gincana de carimbos, cópias e anotações.

A senhora que me atendeu não conhece minhas ideias, não sabe quem eu sou e nem o que penso sobre o Brasil. No país da minha imaginação ela perderia seu emprego. O dinheiro que paga seu salário e benefícios ficaria no bolso dos contribuintes.

O problema que me aflige seria inexistente — tudo se resolveria como resolvemos quase tudo hoje em dia: online, pela internet.

É para que esse país exista um dia que eu, hoje, levanto a minha voz.

* * *

O termo *justiça social* nada significa. Não existe "justiça social" — só existe Justiça, com "J" maiúsculo. Aqui no Brasil o judiciário leva anos ou décadas para resolver demandas simples, e funciona de uma forma incompreensível para o cidadão comum (levante a mão aí quem sabe o que são "embargos infringentes").

A expressão *justiça social* é um cavalo de Tróia ideológico usado, junto com o termo desigualdade, para justificar uma ocupação cada vez maior de espaços pelo Estado, e um aumento sem limite dos impostos que pagamos. O brasileiro entrega praticamente a metade de tudo o que ganha ao Estado.

Os arautos da justiça social escondem o principal: a desigualdade a ser reduzida em primeiro lugar é a desigualdade de poder, que criou uma sociedade de privilégios onde uma casta de políticos, burocratas e amigos do poder reina soberana sobre os que trabalham e produzem.

Como disse Thomas Sowell: "a questão básica não é o que é melhor; a questão básica é quem decide o que é melhor".

O MITO DO CIDADÃO COMUM NA POLÍTICA

Faço parte de movimentos de renovação da política desde 2007. Ajudei a fundar o partido NOVO, e participei de um movimento com um projeto ainda mais radical de renovação, o LIVRES, que tentou reconstruir por dentro um partido com presença nacional[189]. Depois fui candidato duas vezes: a deputado federal na campanha de 2018 e a vereador em 2020. No intervalo coordenei a transição da segurança pública do governo do Rio no final de 2018, e fiquei um ano e meio assessorando o governo em projetos especiais, depois de uma meteórica passagem pela Secretaria de Segurança, que ajudei a desativar[190].

Nessa caminhada aprendi muito, e mudei minha visão sobre certos aspectos da política. Entendi melhor a realidade. Isso não reduziu minha repulsa e intolerância em relação a práticas criminosas e antiéticas. Pelo contrário: consolidei a certeza de que o cumprimento da lei e a eliminação da impunidade são as duas bases sobre as quais construiremos um novo pacto republicano. Mas me dei conta de que a percepção idealizada que eu, um cidadão comum, tinha sobre o que deveria ser a prática política, estava muito distante da realidade de uma atividade que, ao mesmo tempo em que lida

---

189. Essa história está contada em detalhes no meu livro *Os Inocentes do Leblon*.
190. Os detalhes desse período estão no meu livro *A Construção da Maldade*.

com o poder em suas formas mais absolutas, depende de mecanismos frágeis, imprevisíveis e incoerentes para existir.

Nada do que foi descoberto pela Operação Lava-Jato, aconteceu por acaso. Tudo isso foi, na minha opinião, resultado da combinação perfeita de três fatores.

O primeiro é um sistema político-eleitoral criado em cima de idealizações ingênuas e inviáveis. O segundo é o abandono de qualquer padrão ético e moral pela maioria dos que participam da vida pública. O terceiro é uma concentração inacreditável de poder e riqueza nas mãos do Estado. Foi a tempestade perfeita. Mas por que isso aconteceu?

Nossos cientistas políticos usam linguagem empolada e teorias complicadas para descrever um quadro que, na verdade, é muito simples — e assustador. Vamos examiná-lo rapidamente e com franqueza.

Em uma democracia republicana um político depende apenas do voto para chegar ao poder. Não é necessário preparo, honestidade, experiência, qualificação ou qualquer outra característica que seria básica para o exercício de uma atividade profissional remunerada no mundo moderno. Desde que preencha alguns requisitos bastante simples como idade mínima, cidadania e regularidade eleitoral e penal, qualquer um pode ser eleito vereador, deputado, senador, governador ou presidente.

Vamos pensar nisso: o estagiário da empresa em que você trabalha pode ser mais qualificado do que o vereador em quem você votou, e que vai ajudar a administrar a vida da sua cidade.

Em teoria, no sistema democrático, qualquer cidadão pode votar e receber votos — e ser eleito. Se eleito ele pode ocupar um cargo executivo de topo. Não elegemos chefes de setor, secretários e nem ministros: elegemos prefeitos, governadores e presidentes! Elegemos o chefe de *toda* a máquina administrativa de uma cidade, estado ou país.

Recapitulando: pessoas que buscam a atividade política muitas vezes por motivos escusos, que não têm o preparo necessário, e cujas campanhas são financiadas com recursos de origem duvidosa, são escolhidas pelo critério de popularidade (maior número de votos) para chefiar máquinas administrativas com orçamentos gigantescos e poder quase infinito.

Na teoria, o acesso à carreira política está aberto a qualquer pessoa. A realidade, entretanto, é que no sistema político vigente em uma democracia republicana com voto universal, como é o caso do Brasil, é praticamente impossível para um cidadão comum — aquele que tem um emprego de carteira assinada, trabalha das nove às seis, tem uma família para sustentar e contas para pagar no fim do mês — disputar com sucesso uma eleição.

A primeira barreira é o acesso à disputa propriamente dita. Não existem candidaturas independentes. O primeiro desafio é convencer os controladores de um partido político a aceitar a sua candidatura.

A segunda barreira é conseguir as condições mínimas necessárias para realizar uma campanha política. Recursos financeiros serão sempre um problema quando os colégios eleitorais são grandes, como é o caso do Brasil, um país de dimensões continentais, onde alguns estados têm centenas de municípios e são maiores do que vários países da Europa.

As eleições para o legislativo seguem o estranho sistema proporcional, ainda pouco compreendido pela maioria da população. De uma forma simples, a eleição de um candidato depende não apenas dos votos recebidos por este candidato, mas também dos votos dados ao partido — a legenda — e dos votos recebidos pelos outros candidatos do mesmo partido. Por isso, às vezes é melhor para o candidato ser menos votado em um partido onde os candidatos obtiveram um número total significativo de votos, do que ser um candidato bem votado em um partido onde o total de votos de todos os candidatos é pequeno. O problema é que você não sabe quem serão os outros candidatos do seu partido até que se realize a convenção partidária. E nesse momento, de acordo com calendário eleitoral, não é mais possível mudar para outro partido, caso você conclua que, com os candidatos que o seu partido escolheu, suas chances de eleição são poucas.

O problema mais grave para o cidadão comum é o singelo fato de que ele precisa trabalhar para viver. Não existe, para o trabalhador de carteira assinada, a possibilidade de deixar o seu trabalho para dedicar alguns meses a uma campanha eleitoral, e depois voltar como se nada tivesse acontecido. Essa possibilidade só existe para os servidores públicos e funcionários de estatais, que contam com mecanismos que lhes permitem manter o seu emprego nessa situação. Quase nenhum funcionário de empresas privadas contará com a compreensão do seu patrão.

Para o cidadão comum, a opção que resta é se desligar do seu emprego e tentar encontrar outro após a campanha eleitoral, caso não seja eleito. Boa sorte para ele em um país com milhões de desempregados. Mesmo se for eleito — situação em que terá garantida uma remuneração pelos quatro anos seguintes — o cidadão enfrentará o mesmo problema ao final do mandato, se não for reeleito.

Você aí, que depende do salário no final do mês para sustentar a sua família, está disposto a correr esse risco?

Diante desse quadro deveríamos mesmo nos surpreender com a avidez com que os políticos se agarram aos seus mandatos?

É razoável esperar, com esse sistema, que tenhamos uma "renovação da política" através da participação de "cidadãos comuns"?

O problema que descrevi é solenemente ignorado pela maioria dos partidos. Pior ainda: o partido Novo, que eu ajudei a fundar, incluía nas suas primeiras entrevistas de "seleção de candidatos" a seguinte pergunta: "Sr. Candidato, como você planeja se sustentar durante a campanha?" Parece que escapa à compreensão dos responsáveis por esses partidos que, conduzida desta forma, a suposta renovação da política vai se limitar à participação de pessoas financeiramente independentes, de profissionais liberais bem-sucedidos e de funcionários públicos.

A grande maioria dos cidadãos brasileiros, os trabalhadores que dependem de um salário no final do mês para sobreviver, continuarão como simples espectadores de um jogo político incompreensível e distanciado dos seus interesses e preocupações.

A verdadeira transformação da política — um desafio que existe no mundo todo, mas é urgente no Brasil — é mudar esse sistema para que o poder esteja acessível a todos, e não apenas a um clube de privilegiados. Política é vocação e serviço ao bem comum, e não pode se resumir a um jogo cínico de regras complicadas, financiado pelos impostos pagos por uma imensa massa que só tenta sobreviver.

Enquanto esse quadro não mudar, encontrar o cidadão comum na política continuará sendo um sonho distante.

Pequeno Manual de Sanidade para Redes Sociais

O surgimento da internet, a criação das redes sociais e a popularização da telefonia celular produziram enormes mudanças em pouco tempo. Há vinte anos tínhamos três ou quatro fontes de informação; hoje temos *milhões*. São indivíduos, grupos, entidades e empresas espalhadas por todos os cantos da sociedade e do mundo, cada uma apresentando sua versão dos fatos e sua opinião sobre eles.

É razoável dizer que, para uma quantidade enorme de pessoas, as redes sociais se tornaram o principal veículo de acesso a informações.

É o fim do oligopólio que dominava a produção e divulgação de notícias. É o início de uma nova era, na qual, somos todos, ao mesmo tempo, consumidores, produtores e disseminadores de informações.

É uma excelente novidade. Se você souber lidar com isso.

Se você não souber, problemas podem surgir.

O uso errado de redes sociais pode ser tóxico para o intelecto, os sentimentos e as próprias relações sociais — que deveriam ser, elas, a razão da existência das redes.

Por isso, listo aqui algumas orientações para o uso das redes sociais, tiradas do meu próprio — e, até agora, secreto — manual de comportamento.

Regra Número 1 - *Não semeie nem dissemine raiva, rancor ou ressentimento*

Seu espírito está tomado por revolta e frustração. Você está sentindo indignação em relação a um acontecimento ou a uma pessoa — talvez um político, uma autoridade, uma figura pública. Por isso, você acaba de escrever um post carregado de recriminação e acusações — talvez até com expressões um pouco grosseiras — e já está prestes a publicá-lo.

Minha sugestão é: deixe esse texto descansar por no mínimo 24 horas. Passado esse tempo, releia o que você escreveu. Garanto que, em um bom número de casos, você vai alterar ou até desistir de publicar o que escreveu.

Não se trata de autocensura; se trata de prudência, maturidade e autocontrole.

Enormes prejuízos têm sido causados a muita gente — tanto autores quanto terceiros — por textos escritos e publicados no calor do momento.

Lembre-se também: a rede social não é um terapeuta e nem o melhor canal para exposição de assuntos íntimos ou aspectos particularmente complexos de nossa vida ou personalidade. Elogie com fartura e critique com sobriedade e parcimônia. E jamais use uma rede social para transformar alguém em alvo de ataques de terceiros.

Regra Número 2 - *Não promova nem multiplique rumores, boatos ou fofocas*

Comporte-se nas suas redes como você se comporta em sua vida. Use essa regra: se você acaba de receber uma informação, uma foto um vídeo que parece inacreditável ou escandaloso ao extremo, jamais o transmita para alguém imediatamente. Espere ao menos uma hora antes de repassar o material a qualquer pessoa. Nesse tempo, use as ferramentas de busca da internet para ter uma certeza mínima da veracidade do que você recebeu.

Veja o que aconteceu comigo: certa vez recebi, de uma fonte altamente confiável, um vídeo que, aparentemente, sinalizava uma mudança de posição crítica de um político importante. Como a fonte era excelente, postei o vídeo nas minhas redes sociais sem fazer qualquer verificação. Dez minutos depois, a minha fonte me enviava outra mensagem pedindo desculpas e dizendo que se tratava de um vídeo antigo.

Sempre verifique minimamente a origem e a consistência das informações que você repassa, nem que essa verificação se limite a uma pesquisa rápida na internet. Se você não tem tempo para fazer esta verificação, meu conselho é: não passe a informação adiante.

Regra Número 3 -*Fuja das tretas*
O que são tretas? São confusões ou brigas virtuais, movidas por diferenças de opinião e de ideias, ou pelas emoções mais mundanas — como inveja, cobiça ou rancor, por exemplo. Você faz uma crítica a alguém, ou alguém manda uma indireta em sua direção, e a treta começa.

Para muita gente, tretas têm apelo irresistível. Muitas estrelas da internet construíram sua base de seguidores em cima de tretas. Mas, a longo prazo, tretas são tóxicas e extremamente destrutivas.

Tretas contaminam sua rede social com palavras e expressões que nunca deveriam ser ditas, muito menos escritas. O desejo de autopromoção de algumas pessoas e a sofreguidão com que se entregam a tretas as leva até a cometer crimes de injúria, calúnia e difamação, além de sujeitá-las, frequentemente, ao pagamento de indenizações por danos morais.

Tretas são uma forma infantil de comportamento, que geralmente deixa um rastro permanente de vulgaridade, descrédito e rancor em suas redes. A internet nunca esquece.

Regra Número 4 - *Respeito, Respeito, Respeito*
Tenha sempre respeito por você mesmo, respeito por seus seguidores e, por mais contraditório que possa parecer, respeito por seus adversários.

Não é porque alguém desrespeitou você que você é obrigado a pagar na mesma moeda. Jamais responda a uma ofensa com outra ofensa. Minha recomendação: se alguém entrou na sua rede fazendo uma crítica que você considera equivocada ou injusta, mas a crítica foi feita em termos civilizados, responda com educação. Já presenciei muitas situações em que essa abordagem resultou não só em mútuo entendimento, mas no estabelecimento de novos relacionamentos e até de amizades.

Mas se alguém entra na sua rede te ofendendo com termos grosseiros, meu conselho é: bloqueie a pessoa e esqueça o assunto — a menos que as calúnias possam vir a te causar prejuízo de alguma forma. Nesse caso, procure um advogado e entre com processo por danos morais. Mas jamais — *jamais* — responda a uma ofensa ofendendo o ofensor.

Regra Número 5 - *Compartilhe a riqueza de sua vida*

Conte ao mundo sobre aquele livro excepcional que você leu, fale do filme sobre a civilização egípcia que você adorou, conte do curso de programação que você finalmente conseguiu fazer. Fale sobre o seu amor por cães; conte da sua experiência de morar alguns anos no exterior; compartilhe o percurso difícil que te levou de uma situação de pobreza na infância a uma vida próspera, com segurança financeira e uma bela família. *Inspire, motive, anime*; não com mentiras, chavões ou memes tolos, mas falando da sua própria experiência. Todos nós temos uma fortuna em histórias pessoais para compartilhar. Esse é um dos usos mais nobres das redes.

Regra Número 6 - *Use "fios" ("threads") no Twitter*

No Twitter, o seu texto não precisa ficar limitado a poucos caracteres. Quando o texto não cabe em um único tuíte, você pode dividi-lo em vários tuítes encadeados — o que se chama de "fios" ou *threads*. Não tenha medo de compartilhar textos maiores. Algumas de minhas postagens de maior repercussão tinham vinte ou mais tuítes encadeados. O que importa é a qualidade e relevância do que você está postando.

Regra Número 7 - *Não retuite ou compartilhe posts de adversários*
Jamais retuíte ou compartilhe posts de figuras que você está criticando, com o intuito de expor e rebater seus argumentos. Compartilhando ou retuitando os posts de adversários você aumenta a audiência deles e, provavelmente, o número de seguidores. Ao invés disso, faça o seguinte: tire um print do post e inclua como anexo na sua postagem. Ou simplesmente cite o texto no seu post. Não dê publicidade a adversários.

Regra Número 8 - *Não perca tempo com contas minúsculas*
Antes de gastar seu tempo discutindo ou argumentando com alguém, dê uma checada no perfil do usuário. Pode ser que se trate de uma conta com zero seguidores, e que não segue ninguém. Na verdade, uma conta robô ou conta espantalho, criada só para encher seu saco. Não perca seu tempo.

Regra Número 9 - *Seja gentil e educado*
Use sempre as expressões *por favor*, *por gentileza* e *com licença*. Nunca esqueça de agradecer às pessoas que o seguem. Sempre releia o texto de sua postagem e pergunte: eu poderia ter sido mais gentil ou educado? Existe alguma possibilidade desse texto soar impositivo ou arrogante? Nesse caso, altere a redação.

Regra Número 10 - *Use menos as redes e leia mais*
Limite o tempo que você gasta nas redes. Fique online, no máximo, uma ou duas horas por dia. Leia mais, e leia livros bons. A leitura aumenta o conhecimento, organiza as ideias, eleva o espírito e acalma o coração. Mas leia livros bons. Livros ruins são tóxicos.

Regra Número 11 - ***Reduza o número de grupos de zap***
A não ser que você seja jornalista, político, ou use o aplicativo de mensagens profissionalmente, não faz sentido participar de mais do que meia dúzia de grupos. Selecione com critério os grupos dos quais você participa. Prefira grupos com bons administradores, que façam moderação inteligente e tenham um mínimo de controle sobre quem são os membros. Jamais participe de grupos nos quais você desconhece a maioria dos outros participantes.

Livrai-nos de todo o mal: o comunismo e a tolerância com o intolerável

O COMUNISMO É UM FRACASSO COMO SISTEMA POLÍTICO, ECONÔMICO, FILOSÓFICO E MORAL. APESAR DISSO, AINDA EXISTEM COMUNISTAS NO BRASIL

Os últimos países comunistas do planeta Terra são China (cuja economia segue o modelo de capitalismo dirigido pelo Estado), Coreia do Norte, Cuba e Laos. No século XX, o comunismo significou a morte de dezenas milhões de pessoas em campos de concentração e de extermínio, em centros de tortura e em massacres.

Apesar disso existem partidos comunistas no Brasil. Apesar disso, políticos comunistas continuam a dizer asneiras e a convencer nossos jovens de que o comunismo é um regime de solidariedade, amor ao próximo e "igualdade", em vez de uma tirania onde uma casta mantém a maioria na escravidão e no terror.

O Comunismo é irmão do Nazismo (termo que significa "Nacional-Socialismo"). Uma das grandes tragédias do século passado foi a disputa entre Stalin e Hitler pelo domínio da Europa.

Em 1945 a guerra já estava perdida para a Alemanha nazista. Isso pouco importava para Hitler, que continuava a sacrificar o povo alemão, incluindo mulheres e crianças, para satisfazer sua demência. Crianças de dez anos de idade manejavam baterias antiaéreas. A evacuação de civis foi proibida. Goebbels declarou que quem saísse de Berlim sem permissão seria considerado desertor. Populações inteiras ficaram à mercê do avanço do exército russo. Soldados alemães que tentavam se render eram mortos a tiros por seus próprios superiores.

A máquina assassina nazista continuava a operar, mesmo com a guerra perdida. Quando os russos capturaram a cidade alemã de Danzig, descobriram em seu Instituto Anatômico, que ainda funcionava, 148 corpos sem cabeça, conservados em formol. Ali os nazistas conduziam estudos sobre a fabricação de sabão usando corpos humanos. As máquinas de extermínio dos campos de concentração continuavam a matar.

Os soldados de Stalin, ao entrar no território alemão, começaram a repetir com a população as barbáries que a Wehrmacht tinha cometido na invasão da Rússia. Junto ao exército russo avançavam também a NKVD, a polícia do partido comunista, e a SMERSH, a agência de contrainteligência. O chefe da SMERSH, Viktor Semyonovich, era especializado em espancar prisioneiros com porretes. Ele também tinha o hábito, que aprendeu com o chefe da inteligência soviética, Lavrentiy Beria, de estuprar mulheres jovens[191].

Estupro era o principal passatempo dos soldados soviéticos. Qualquer homem alemão encontrado era geralmente morto na hora. Para as mulheres era reservado destino pior. Um relatório do próprio exército soviético afirmava que "todas as mulheres do leste da Alemanha que não conseguiram fugir foram estupradas". As vítimas incluíam crianças de 12 anos de idade. O grupo da NKVD ligado ao 43º Exército descobriu que as mulheres da cidade de Schpaleiten tentaram cometer suicídio. Até prisioneiras russas e polonesas, libertadas pelo exército russo, não escapavam dos estupros.

O escritor Vasily Grossman viu o terror nos olhos das mulheres e meninas. Um civil alemão lhe contou que sua mulher tinha sido estuprada por dez soldados naquele dia. Outra jovem mãe estava sendo estuprada incessantemente em um estábulo. Seus parentes foram pedir aos soldados que a estupravam que fizessem uma pausa, para que ela pudesse dar de mamar ao seu bebê, que não parava de chorar de fome.

Esse é o comunismo. Esse é o legado da sua maior figura, Stalin.

---

191. BEEVOR, Antony. *The Fall of Berlin 1945*. Nova York: Viking Books, 2002.

Uma das maiores figuras da arquitetura brasileira, dono de um estilo inconfundível onde imperavam grandes estruturas de concreto armado, e cujas obras se espalham por Brasília era, declaradamente, até o final de sua vida, stalinista.

Que a ideologia comunista ainda esteja representada em nosso país, e ensinada aos nossos jovens nas escolas, nas universidades, nas associações estudantis e nos sindicatos é uma imoralidade, um crime e uma perversão.

É uma ofensa à memória de tantas vítimas que foram exterminadas como moscas, para que tiranos pudessem viver vidas de fausto e luxúria, e impor sua tirania com mão de ferro.

***

Partidos comunistas são aqueles que trabalham pela implantação do socialismo e do comunismo. Ainda existe muita confusão sobre esses termos. Vale a pena esclarecer seus significados.

O termo "esquerda" tem sua origem nos lados em que se sentavam os grupos presentes às reuniões dos Estados Gerais na França, por volta de 1789. Aqueles que eram a favor da manutenção do rei no poder sentavam-se à direita. Quem era a favor da mudança — da revolução — sentava-se à esquerda. Vem daí a associação da expressão "esquerda" com mudança e revolução. Lembremos que mudanças nem sempre levam a uma situação melhor. O maior exemplo vem da própria Revolução Francesa, que começou com o lema Liberdade, Igualdade e Fraternidade e terminou em uma matança generalizada na qual a revolução cortou os pescoços dos seus próprios filhos.

Este é um tema recorrente na história das revoluções de esquerda.

Abrimos aqui parênteses para falar de revoluções modernas. Já falamos sobre a Guerra Civil Inglesa, a Revolução Gloriosa de 1688, a Revolução Americana de 1776 e a Revolução Francesa de 1789. A próxima na nossa lista é a Revolução Russa de 1917.

Marx previu que o comunismo eclodiria nos países industrializados, como consequência da exploração desenfreada do sistema capitalista e do empobrecimento dos trabalhadores. Mas a revolução explodiu na Rússia, um país atrasado e agrário, provavelmente como consequência do regime tirânico dos czares e das atividades revolucionárias de ativistas como Lenin, auxiliados por outros países. Lenin estava exilado em Paris e foi levado de volta à Rússia em um vagão de trem blindado fornecido pela Alemanha. A Europa estava no meio da Primeira Guerra Mundial, e interessava à Alemanha que a Rússia se retirasse do conflito.

A revolução russa é cheia de histórias inacreditáveis. Pouca gente sabe que os Estados Unidos enviaram uma força expedicionária para apoiar o Exército Branco, adversário dos bolcheviques[192]. O fato é que a tirania dos czares foi substituída pela tirania vermelha, e o mundo nunca mais foi o mesmo.

A próxima revolução que nos interessa é a Revolução Chinesa. A China é uma das civilizações mais antigas do mundo. Até o início do século XIV era também uma das mais avançadas. Muitas tecnologias que vieram a desempenhar um papel fundamental no mundo, como a fabricação de papel e a invenção da pólvora, tiveram sua origem na China. Centenas de anos antes de Cristo, os imperadores chineses já usavam concursos públicos para selecionar os cidadãos mais capazes para ocupar postos no governo. Mao Tsé-Tung conquistou finalmente o poder em 1949, após derrotar os nacionalistas liderados por Chiang Kai-Check. Chiang Kai-Check também não era flor que se cheire; era um líder com tendências autoritárias, que acabou fugindo com suas tropas para Taiwan, onde criou um regime baseado em repressão política.

A Revolução Russa produziu a União Soviética, que desceu uma Cortina de Ferro separando a Europa Oriental da Europa Ocidental. Até os anos 80, quando deixou de existir, o comunismo so-

---

192. HALLIDAY, E. M. *When Hell Froze Over*. Nova York: I Books, 2000, p. 44.

viético significou terror, opressão, morte e destruição para milhões de pessoas.

A verdade é que o comunismo não foi, como Marx previa, implantado nos países desenvolvidos, mas sim em países atrasados econômica e politicamente. Terá sido essa a razão do seu fracasso? Ou terá sido esse fracasso simplesmente o resultado inevitável das contradições internas evidentes em um sistema político que pregava a igualdade na distribuição de bens e a solidariedade como proposta de governo, mas que na verdade sempre criou uma pequena casta — a *nomenklatura* — que vivia uma vida de fausto e poder enquanto uma maioria escravizada permanecia oprimida, ignorante e faminta?

Janos Kornai argumenta que o atraso da economia, a pobreza, a grande desigualdade, a opressão brutal e a guerra — condições encontradas nos países subdesenvolvidos — seguidos por uma profunda crise na sociedade, é que provocam a revolução e permitem aos comunistas chegar ao poder. "O fato histórico é que nenhum sistema socialista jamais foi colocado no poder por forças internas, em qualquer país capitalista desenvolvido"[193], diz Kornai. Marx errou feio.

Depois das revoluções pouca coisa muda. Diz ainda Janos Kornai: "fica claro que o socialismo clássico não tem nenhuma superioridade sobre o sistema capitalista em tornar realidade valores como igualdade e solidariedade", precisamente aqueles valores que criam a justificativa básica para a revolução em primeiro lugar.

E mais ainda: em relação a alguns outros valores fundamentais, como bem-estar social, eficiência e liberdade, "o sistema socialista não chega nem perto das realizações dos sistemas capitalistas modernos e desenvolvidos, que funcionam em formas políticas democráticas", conclui Janos Kornai[194].

---

193. KORNAI, Janos. *The Socialist System: The Political Economy of Communism*. Princeton: Princeton University Press, 1992, p. 28.
194. Idem. *Ibidem.*, p. 378.

* * *

Se você quer ir a São Paulo saindo do Rio, você precisa seguir na direção sul. Se você for para o norte, pode chegar à Bahia ou ao Amazonas, mas jamais a São Paulo.

Ir para o sul, por si só, não garante nada. Se você seguir para o sul, você pode ou não chegar a São Paulo. Muitos fatores influenciam o seu destino. Mas se você seguir no rumo norte, você pode ter certeza de que a São Paulo você jamais chegará.

Assim é na política. Se você procura desenvolvimento, prosperidade, e uma sociedade educada e segura, você pode ir em várias direções, mas jamais na direção do socialismo.

Você pode escolher o sistema democrático republicano (como os EUA), ou democrático monárquico parlamentarista (como o Reino Unido), ou até autocrático (como Singapura). Você pode escolher um sistema centralizado (como a Inglaterra) ou descentralizado (como a Suíça).

Mas você jamais, em hipótese alguma, pode escolher um regime socialista. Não existe um único caso na história da humanidade em que o socialismo tenha trazido prosperidade e uma vida melhor.

Nenhum.

Zero.

* * *

Muita gente diz que não acredita em esquerda e direita.

Mas perceba: não importa se você acredita.

O que importa é que milhares de militantes de esquerda acreditam.

Esses militantes pautam suas vidas e *absolutamente todas as suas ações* com base em uma ideologia autoritária, populista e fraudulenta, cujo objetivo final é destruir tudo aquilo que você ama e quer proteger.

NO CARNAVAL DA IMPUNIDADE UMA SENTENÇA ME DEU ONDA

É CARNAVAL. FUI PASSAR UNS DIAS NA PRAIA

Havia muito lixo, lixo por todo lado. Em todo lugar aonde íamos, alguém tocava uma música que combinava "bunda" com "chão". O STF soltou o goleiro Bruno, condenado pelo assassinato da mãe do seu filho. Bruno já tem propostas de nove clubes. O STF também mandou indenizar um condenado por homicídio pelas condições ruins do presídio onde ele ficou. Descobriram que as Olimpíadas foram compradas com suborno. É carnaval. Há lixo em todo lugar.

Voltei para o Rio, o lixo continua. Faz parte do carnaval, parece. Ou do Brasil. Carnaval é uma festa compulsória, assim como o lixo e o aroma de urina. As músicas carnavalescas se dividem em três tipos: primeiro as "marchinhas" que, como a legislação penal brasileira, são as mesmas há décadas e representam um bom retrato do país:

> *Ei, você aí!*
> *Me dá um dinheiro aí!*
> *Me dá um dinheiro aí!*

Depois surgiram as músicas "baianas", sempre cantadas por mulheres voluptuosas de cima de um caminhão, e que fazem as marchinhas parecerem tratados de filosofia:

> *Eu fui perguntar pra ela meu amor, se a dança da manivela ela topou*

E quando tudo parecia perdido chegou a vez dos *funks* 50-tons-de-pornografia, responsáveis pela educação sentimental de toda uma nova geração:

> *Eu não preciso mais beber*
> *E nem fumar maconha*
> *Que a sua presença me deu onda*
> *O seu sorriso me dá onda*
> *Você sentando, mozão, me deu onda*

Na parte em que se canta "onda" as meninas fazem um gesto de ondulação com a mão. Na parte em que se canta "sentando" a coreografia, reproduzida até por crianças de 4 ou 5 anos, é impublicável.

Não é possível achar refúgio do carnaval. Aposto que até no Acre há desfile de "escolas de samba". O país para e fecha tudo por três dias, inclusive as escolas de verdade. Os blocos impedem a circulação e marcam seus territórios com urina e lixo. Minha rua fica tomada por tribos armadas com álcool e uma agressividade explosiva. É inútil procurar outro assunto na TV ou nas redes. Gente que passou o ano inteiro lutando para sobreviver põe uma fantasia de odalisca e cai na "folia". Mas o que é, exatamente, "folia"?

Não me entendam mal. Gosto de música e de mulheres voluptuosas em cima de caminhões. Só que soa estranho uma alegria obrigatória, decretada pelo mesmo Estado que nos entristece todos os dias. Não entendo como o Estado do Rio de Janeiro, falido, para de trabalhar por uma semana. Um conhecido foi assaltado e agredido. A polícia não registrou a queixa. "Estamos em greve". Se você está desempregado e devendo dinheiro, você usa sua poupança para pagar dívidas ou para passar o carnaval em Porto Seguro? Eu só queria saber.

Nunca entendi como pessoas que vivem na fronteira com a miséria investem fortunas em fantasias e "carros alegóricos" que duram um dia. Quer alegoria maior que o Congresso Nacional? Quer fantasia melhor que a libertação do Bruno? Nunca entendi como a mesma sociedade que não sabe o que significa "lixo", e o que se deve fazer com ele, vai entender o que significa "justiça". Temos as marchinhas e a justiça que merecemos. Arerê.

Por onde começar a educação do nosso folião? Aqui vai uma ideia: decretemos carnaval o ano inteiro, e vamos trabalhar só três dias por ano. Vamos criar uma vaga concursada para todos os brasileiros, e equiparar todos os salários aos dos ministros. Vamos abolir de vez o código penal. Afinal, prender um assassino não traz a vítima de volta, certo? Foi o goleiro Bruno quem disse.

É carnaval. Tem lixo e urina por todo lado. O goleiro Bruno está solto. Um amigo de Porto Alegre foi assaltado aqui perto de casa, bateu na porta pedindo ajuda. Tentamos fazer um boletim de ocorrência pela internet, não funcionou. Expliquei ao meu amigo que o bandido, na verdade, era uma vítima. É o que dizia o Freixo, no seu camarote cujo ingresso custava R$4.900,00[195]. É a generosidade do carnaval, uma festa linda, que une a todos. Há lixo em todo lugar. É carnaval. Alô STF, eu não preciso mais beber, suas sentenças me dão onda.

---

195. Veja: https://vejario.abril.com.br/blog/beira-mar/o-que-rolou-nos-bastidores-do-carnaval-e-nos-camarotes-na-sapucai/ (acesso em 11 de maio de 2018).

Marta, as armas não matam. Quem mata é o criminoso

VI REFLETIDA MINHA ANTIGA FORMA DE PENSAR EM UM COMENTÁRIO DO FACEBOOK. PRECISO EXPLICAR O QUE HAVIA DE ERRADO NO MEU PENSAMENTO

Ao assistir um vídeo sobre armas, feito por um amigo, eu descobri um comentário interessante de uma leitora chamada Marta. Ela disse:

> Porte de arma para se defender? Se os policiais que têm experiência com armas estão sendo mortos, imagina nós, cidadãos comuns. Já pensou naqueles encrenqueiros que existem em toda parte, nos quais você não pode nem encostar que sai briga? Vamos nos arriscar a tomar um tiro.

Eu vi em Marta o reflexo da minha forma de pensar até alguns anos atrás, e achei que precisava escrever uma resposta. Eis o que escrevi:

> Marta, seu raciocínio é equivocado, e fruto de décadas de doutrinação ideológica. Eu também passei por isso e sei como você se sente. Nos ensinaram que armas são coisas do mal, e que o bandido é um pobre coitado que não teve oportunidade na vida.
> Então proibimos as armas, mas o número de assassinatos pulou de 12 mil em 1980 para 60 mil em 2016.

Quem mata não é a arma, é o criminoso — e quando ele não tem uma arma de fogo, ele usa uma faca, uma pedra, um pedaço de pau ou um carro.

É claro que existem casos de policiais armados que morrem, mas existem muito mais casos de policiais armados que vivem. Mas você não sabe desses casos simplesmente porque eles não são notícia. Você já viu alguma manchete que diz "Policial armado não é morto por bandido"?

A proibição do porte de arma e a caracterização do bandido como um pobre coitado são parte da mesma estratégia ideológica: a de criar uma guerra cultural, cujo objetivo final é chegar ao poder. Para os ideólogos, quanto pior, melhor. Você já ouviu falar de "desencarceramento", "progressão de regime" e ECA? Todas essas ideias e leis estão destruindo a segurança pública brasileira e desmoralizando a polícia, a justiça criminal e o sistema prisional.

Todas saíram do mesmo lugar de onde saiu o Estatuto do Desarmamento: da ideologia dos ativistas e políticos de extrema-esquerda. Da turma do PT, PSOL e associados. Dessas ONGs com nomes fofinhos que vivem de verbas do governo ou de dólares do exterior.

Armas protegem a sua vida a todo momento. Elas estão nas mãos dos seguranças dos shoppings, dos bancos e de praticamente todos os lugares que você frequenta. Elas estão nas mãos da polícia que patrulha as ruas. Elas estão nas mãos das Forças Armadas.

Você percebeu o erro no parágrafo acima? É obvio. Na verdade, quem protege você são as pessoas—os seguranças, os policiais ou os soldados.

As armas são apenas um instrumento, que pode ser usado para o bem ou para o mal.

A proibição do acesso às armas afeta apenas o cidadão de bem.

Os criminosos não se preocupam com a lei. Eles estão livres para fazer o que quiserem.

E eles querem fazer o mal.

O engano do Senhor Júlio

90% DAS VÍTIMAS DE HOMICÍDIO USAVAM SAPATOS. PARA A SUA PROTEÇÃO, USE SANDÁLIAS

Júlio Jacobo Waiselfisz, coordenador de estudos da violência de uma certa Faculdade Latino-Americana de Ciências Sociais, é autor de um trabalho pioneiro sobre homicídios — o Mapa da Violência — que coleta e divulga informações sobre criminalidade no Brasil. O problema é quando ele emite opiniões sobre os dados que coleta.

Waiselfisz é crítico de políticas que incentivem o armamento da população civil. "O indivíduo comum que sai à rua armado tem 60%, 70% mais chances de morrer em caso de conflito", diz ele. Waiselfisz também é (previsivelmente) contra o "encarceramento excessivo" e contra "a redução da maioridade penal". É o pacote padrão de pensamento da extrema-esquerda sobre a criminalidade.

Mas o problema mesmo é que o senhor Júlio é incapaz de interpretar os dados que coleta, e suas conclusões seguem um raciocínio tosco, facilmente desmontável. Vejam bem: quem sabe quantos cidadãos *armados* escaparam de morrer? Ninguém. Essa estatística simplesmente não existe, porque como o sujeito não morreu, não houve registro algum.

Imagine que um bandido vem na direção do seu carro, com cara de mal-intencionado. Você mostra para ele sua pistola. Ele se afasta e vai procurar outra vítima. Essa ocorrência não foi registrada pela polícia, e jamais vai entrar nas "estatísticas" do senhor aí em cima. Como ele pode calcular as chances que um indivíduo armado tem de morrer em um assalto, se ele não conhece o número real de vezes em que um indivíduo armado foi assaltado?

Usando o raciocínio do senhor Júlio, podemos concluir também que "cidadão vestido tem mais chance de morrer". Ora, a maioria das pessoas assassinadas estavam vestidas, não estavam? Então, andemos todos nus.

A arrogância intelectual do senhor Júlio é típica da esquerda. Essa arrogância é o que Thomas Sowell chama de "Visão dos Ungidos". Por uma razão qualquer — porque têm graduação em sociologia, história ou psicologia, ou porque leram Marx e Gramsci, ou porque moram no Leblon — essas pessoas se acham superiores a nós, e com o direito a prescrever como devemos viver as nossas vidas.

O senhor Júlio chegou à sua brilhante (e completamente equivocada) conclusão de que andar armado é perigoso, e em vez de simplesmente adotá-la em sua vida quer retirar de nós o direito de fazer essa escolha.

Não é preciso adivinhar o inferno de crime e impunidade em que o país se transformaria, se adotasse as políticas recomendadas pelo senhor Júlio.

Já vivemos em um país assim.

QUE TIRO FOI ESSE?

**NADA EXISTE NA POLÍTICA DE UM PAÍS QUE NÃO TENHA EXISTIDO PRIMEIRO NA SUA LITERATURA.
(HUGO VON HOFMANNSTHAL)**

Em seu livro *Sapiens*, Yuval Harari diz que a história não segue uma sequência lógica, e nem se desenrola necessariamente para o benefício da humanidade. Penso nessas palavras enquanto contemplo o mar de Cabo Frio, onde passo poucos dias de férias com a família. Choveu recentemente, e o mar está coberto de lixo de toda espécie. Barcos e jet-skis passam na minha frente muito acima da velocidade permitida para esse trecho do canal, colocando em risco banhistas e outras embarcações. Quase todas as lanchas têm um sistema de som de potência ensurdecedora, que tocam o mesmo gênero de música pornográfica, violenta e misógina.

As letras das músicas são simplesmente impublicáveis. Um dos *hits* do verão é a música cujo nome é o título desse artigo. Como se faz para viver em um país que faz piada com as coisas mais sagradas e terríveis? Nada existe na política de um país—sinto vontade de dizer—que não tenha existido primeiro nas letras das músicas de funk.

No último domingo, criminosos e policiais se enfrentaram nas ruas da Tijuca. Entre eles, havia um bloco de carnaval. Um garçom foi morto com um tiro de fuzil no peito. Calcula-se que tenham sido disparados mais de 300 tiros. Seria justo perguntar: que tiros foram esses?

Mas ninguém pergunta nada.

Tenho um amigo que é capitão de longo curso, e gosta de filosofia e canto gregoriano. Graças às maravilhas da tecnologia, estamos sempre em contato, mesmo enquanto ele comanda um navio petroleiro com 1 milhão de barris de petróleo rumo à Índia. Essa semana, pelo link de satélite, ele me perguntou: quem é essa tal de Márcia Tiburi? Fui olhar, e a encontrei no Facebook: é uma filósofa brasileira que diz, em vídeo: "sou a favor do assalto"[196]. Achei que tinha ouvido mal. Era isso mesmo. Achei que era o caso de alguém se indignar, e classificar aquilo de obscenidade.

Mas ninguém disse nada.

Um famoso político de esquerda foi condenado em segunda instância. Ninguém sabe ao certo quantas instâncias existem. Ninguém entende o que são embargos declaratórios ou infringentes. O que se sabe é que o tal político continua em campanha presidencial.

Alguém precisava explicar como funcionam a justiça e o sistema eleitoral.

Mas ninguém explica nada.

Samuel, o garçom assassinado enquanto trabalhava na Tijuca[197], se juntou aos 60 mil brasileiros que morrerão nas mãos de criminosos até o final do ano.

Os intelectuais, artistas e acadêmicos do Rio de Janeiro, que tremeram de indignação diante da foto de um ex-governador algemado nas mãos e nos pés[198], nada teve de especial a dizer sobre Samuel.

É que o carnaval vem aí. Os traficantes nas favelas faturam alto. Milícias e tráfico juntam forças. As lanchas de Cabo Frio vão fazer *upgrade* no som. O político condenado em segunda instância vai recorrer da sua sentença até o infinito.

E para Samuel sobrou apenas o pacote padrão brasileiro, composto de uma cova rasa e esquecimento.

---

196. Veja: https://www.youtube.com/watch?v=cqOwFDfPdrQ (acesso em 12 de maio de 2018).
197. Veja: https://noticias.r7.com/rio-de-janeiro/garcom-morto-em-tiroteio-na-tijuca-sera-enterrado-nesta-segunda-29012018 (acesso em 12 de maio de 2018).
198. Veja: https://oglobo.globo.com/brasil/nao-ha-outra-forma-de-atuar-diz-delegado-sobre-algemas-em-cabral-22318182 (acesso em 12 de maio de 2018).

VOCÊ NÃO SOUBE ME AMAR: POLÍCIA, INTELECTUAIS E IDEOLOGIA

Cresci aprendendo que polícia é uma coisa ruim. No meu círculo social ninguém era policial. Polícia era para ser temida; delegacias eram lugares tenebrosos. A palavra *camburão* inspirava imagens de regime militar e autoritarismo.

Na escola nunca me explicaram a função da polícia, como ela se organizava ou que benefícios ela gerava. Em absolutamente todos os livros, filmes, gibis, programas de televisão, peças de teatro e músicas que eu consumia polícia significava opressão, violação de direitos, extorsão ou tortura.

Nos mitos e lendas urbanas da minha adolescência, nos anos 70, os heróis eram foras da lei, marginais ou "guerrilheiros", santificados por uma suposta rebeldia contra o "sistema". E o sistema era, principalmente, a polícia. Era bonito enganar "os homens". Era bonito ser bandido. Uma das obras de Hélio Oiticica mostrava o bandido Cara-de-Cavalo, famoso nos anos 60, estendido no chão. Título da obra: "Seja Marginal, Seja Herói".

Não me esqueço quando o pai de uma antiga namorada me contou, com orgulho, como tinha resolvido o problema de um sobrinho bêbado, que tinha causado um acidente envolvendo vários carros. "Conversei com o delegado", dizia ele, sem deixar dúvidas sobre que tipo de conversa tinha sido aquela.

No final da minha adolescência, Brizola chegou ao governo do Rio, e a mídia formou um bloco sólido dedicado a denunciar, sem tréguas, a violência e a corrupção da polícia. Os relatos de pessoas mortas por policiais, presas sem razão ou torturadas enchiam os jornais. Nossos heróis eram os que enfrentavam, desmascaravam e derrotavam a polícia: os militantes de esquerda, os sociólogos, os jornalistas, os donos de ONGs e a Anistia Internacional.

Nunca, jamais, em tempo algum, da minha infância até os meus 27 anos, eu vi alguém defendendo ou elogiando a polícia. Nunca ouvi alguém explicando que a polícia era necessária e que, na maior parte dos casos, cada sociedade tem a polícia que deseja. Tive que mudar de país para ver isso.

Fui morar nos EUA e descobri que a polícia é um dos fundamentos de uma sociedade livre. Nenhuma polícia — nem as dos Estados Unidos — é formada por santos. Basta lembrar da história de Frank Serpico[199], ou entender como as delegacias de polícia em Nova York na virada do século XIX para o XX eram centros de corrupção e uso político da força[200]. Corrupção e abuso existem em todas as instituições. A polícia reflete a sociedade que a criou.

Nos EUA o policial mora ao seu lado. No Brasil, em geral, ele mora em um subúrbio longínquo, ou em uma "comunidade carente" (eufemismo para favela), ao lado de criminosos. Os policiais do Rio de Janeiro escondem a identidade funcional fora de serviço, temendo a morte certa se abordados por bandidos.

* * *

A transformação da polícia dos EUA em força em defesa da cidadania começou quando os salários melhoraram. No Brasil, a

---

199. Veja: https://en.wikipedia.org/wiki/Frank_Serpico (acesso em 12 de maio de 2018).
200. TONRY, Michael e MORRIS, Norval. *Policiamento Moderno*. NEV-USP / Ford Foundation.

vasta maioria dos policiais tem um segundo emprego — o "bico" — sem o qual é impossível se sustentar.

***

Voltei para o Brasil entendendo para que serve a polícia, e cheio de perguntas. A polícia nos EUA é essencialmente municipal. Por que no Brasil é apenas estadual e federal? A lei penal dos EUA também é estadual. Por que no Brasil é federal? O trabalho policial no Brasil é dividido entre duas forças. Uma patrulha as ruas — a Polícia Militar — e a outra investiga os crimes — a Polícia Civil. Por quê? Nunca me explicaram isso, na escola, na faculdade ou em outro lugar qualquer.

Tive que estudar para entender como funciona — ou não funciona — nossa polícia, a justiça criminal e o sistema penitenciário. O que vi me deixou horrorizado. Não vou repetir aqui as estatísticas que todos já deveriam conhecer[201]. O que eu quero saber é: por que a sociedade brasileira tem ojeriza aos policiais, se eles são nossa última defesa contra a barbárie?

Todos viram na TV as decapitações e os churrascos humanos das rebeliões dos presídios[202]. Essa turma faz isso presa; imagine o que não fará solta nas ruas. Quem vai enfrentar esse tipo de gente?

Vocês lembram dos saques no Espírito Santo, quando a Polícia Militar foi impedida de trabalhar[203]? O mesmo aconteceu nos EUA, depois do furacão Katrina. É da natureza humana. Quem vai às ruas, arriscar sua vida, para controlar uma situação como essa?

---

201. Superamos 60 mil assassinatos por ano, dos quais 92% nunca são esclarecidos; 2 milhões de roubos registrados, dos quais 98% ficam impunes.
202. Veja: http://www.folhadoes.com/noticia/2017/01/21/detentos-fazem-churrasco-de-carne-humana-em-presidio-de-alcacuz-no-rn.html (acesso em 12 de maio de 2018).
203. Veja: http://g1.globo.com/espirito-santo/noticia/2017/02/sem-policia-nas-ruas-es-tem-dia-de-roubos-saques-e-mortes.html (acesso em 12 de maio de 2018).

***

Como podemos ter, um dia, uma polícia decente, se a opinião unânime da mídia, da academia e dos intelectuais é que polícia é uma coisa ruim, e os criminosos são pobres vítimas da sociedade?

Por que tanta gente sensata e preparada se mobiliza com o "drama" dos criminosos presos, mas é insensível ao drama de uma sociedade onde todos já foram assaltados e vivem com medo? Por que achamos que alguém ser assaltado, agredido, roubado de sua propriedade ou até morto, é justo e compreensível à luz da *justiça social*?

Que perversão moral e intelectual é essa?

***

Todos odeiam a Polícia Militar. Mas todos querem um PM por perto. O efetivo do Rio de Janeiro é de aproximadamente 50 mil policiais, mas apenas uma pequena parte está nas ruas combatendo o crime, porque há os inúmeros policiais realizando serviços administrativos, tocando na banda da PM, cedidos à Secretaria de Segurança, aos tribunais, ao Ministério Público, aos palácios e aos municípios.

Todos odeiam a PM, mas todo mundo quer um PM para chamar de seu.

Não escrevo um tratado de sociologia de botequim. Esse campo já foi ocupado pelos "especialistas" em Segurança Pública, como aquela senhora que criou a prática de separar os criminosos nos presídios de acordo com a facção a que pertencem — facilitando sua organização e transformando as cadeias em escritórios e universidades do crime.

A única questão que pretendo colocar é essa: se a polícia é um dos fundamentos de uma sociedade civilizada, por que a desprezamos tanto?

Se tratamos a polícia como lixo, quem vai nos proteger?

***

Há muitos anos os Titãs, uma das melhores bandas de rock do país, compôs a música *Polícia*, cujo refrão era "polícia para quem precisa, polícia para quem precisa de polícia". Alguns anos depois a namorada do baterista foi sequestrada e levada para um cativeiro na favela do Vidigal.

Adivinhe quem a libertou do cativeiro?

Não foi o Batman.

Não foi o Che Guevara.

Não foi a especialista de cabelo vermelho.

Ela foi libertada por agentes da Divisão Antissequestro.

Ela foi libertada — imaginem vocês — pela polícia.

A única garantia da liberdade e da vida é a força das armas nas mãos das pessoas corretas.

O resto é veneno ideológico de quem ganha a vida explorando a ignorância e a compaixão dos ingênuos.

NÃO SABENDO QUE ERA IMPOSSÍVEL: A HISTÓRIA DO PRESÍDIO DE INDAIAL

Ninguém entra em uma cadeia e sai de lá a mesma pessoa, ainda que tenha ido como visita. A primeira coisa que me impressionou na Unidade Prisional Avançada de Indaial, em Santa Catarina, foram moças vestidas de branco, crianças no colo, com as quais cruzei quando entrava. Pensei que eram presas; depois descobri que as crianças eram filhos dos detentos. Eram todas bonitas e bem cuidadas. Pensei como seria ver seu próprio pai preso. Não foi a coisa mais triste que eu veria aquele dia.

Uma prisão é um lugar horrível que, em um mundo ideal, não existiria. Alguma coisa se rompe por dentro quando você vê homens trancados em uma cela pequena. É inevitável que você se coloque no lugar deles — e pense no que faria se sua liberdade ficasse limitada àquele espaço restrito.

Mas nesse pensamento está faltando um elemento importante.

Esse elemento, invisível para os visitantes de uma cadeia, são as vítimas. Nas prisões não há nenhuma placa, livro ou guia para informar aos visitantes os crimes cometidos pelos presos. Não é possível saber quantos pais nunca mais verão seus filhos, quantos filhos nunca mais terão o abraço de seus pais antes de dormir ou quantos inocentes tiveram seus corpos e suas vidas violentadas e estraçalhadas, sem esperança alguma de redenção, pelos homens que ocupam aquelas celas.

O homem de uniforme laranja, ar triste e comportamento pacato, que anda devagar à sua frente, pode esconder em sua história um crime horrível.

Essa é a natureza de uma cadeia: uma exposição assimétrica e incompleta de uma realidade intricada, violenta e injusta.

Que justiça é possível conseguir no mundo dos homens? Certamente não é a justiça cósmica, da qual fala Thomas Sowell[204]. É impossível consertar todos os erros, balancear os desequilíbrios e proporcionar a cada ser humano na face da Terra a mesma vida plena, farta e pacífica.

Isso não deve nos deter na busca da justiça possível, aquela que usa dos instrumentos de que dispomos, da nossa racionalidade e da nossa humanidade, para fazer aquilo que está dentro das nossas possibilidades: punir aqueles que foram julgados e condenados por seus crimes, e premiar os que contribuem positivamente para a sociedade.

Explicando de outra forma: não é porque nossa justiça é imperfeita que devemos ficar de braços cruzados.

Mas ninguém sai de uma cadeia do mesmo jeito que entrou. A cadeia em que entrei dessa vez, a Unidade Prisional Avançada de Indaial, é uma exceção no sistema prisional brasileiro. Ela guarda 120 presos; desse total, aproximadamente 70 participam de um experimento que ainda é raro no Brasil: desde 2008 esses 70 presos, que se encontram em regime semiaberto, trabalham em uma linha de produção industrial montada dentro do próprio presídio.

Eles recebem um salário que, em alguns casos, ultrapassa R$1.500,00 por mês. Ao término de suas sentenças muitos acumulam quantias significativas. No dia da minha visita um dos presos, prestes a sair, recebia um cheque de R$7.500,00. Há alguns meses

---

204. SOWELL, Thomas. *Intellectuals and Society*. New York: Basic Books, 2011.

outro preso recebeu R$18 mil, dinheiro providencial para quem precisa começar uma nova vida.

* * *

O trabalho dos detentos é organizado através de um Termo de Cooperação que envolve uma empresa privada, o Departamento Estadual de Administração Prisional, o Conselho da Comarca e a Unidade Prisional.

A Unidade recebe 25% da receita gerada pelo trabalho dos presos. Esse dinheiro explica as diferenças que você nota logo na entrada do presídio de Indaial. Tudo é limpo, claro, bonito e bem cuidado. Os jardins na entrada e a sala de espera mais parecem instalações de uma clínica médica de bom padrão do que a entrada de uma cadeia.

Nas muitas horas que passamos por lá não vimos nenhuma sujeira ou sinal de abandono. O mesmo cuidado com limpeza e conservação era encontrado nos alojamentos dos presos, no refeitório, na sala de estudos e nas oficinas de trabalho.

Não há odor ruim em nenhum lugar.

O percentual da receita que fica com o presídio paga também melhorias na infraestrutura, compra de viaturas, câmeras de segurança, armas e munição para os guardas.

A empresa participante do convênio — nesse caso, a Brasilux (Taschibra), fabricante e importadora de material elétrico e de iluminação — assume todo o investimento de capital necessário, como máquinas e ferramentas, além do treinamento e a supervisão dos presos que trabalham na linha de fabricação. Todo esse investimento e os muitos desafios podem ser compensados financeiramente, já que o trabalho dos presos não está sujeito às regras da CLT, proporcionando significativa economia dos custos de mão de obra.

Como o trabalho continua nos finais de semana e feriados, o volume de produção pode ser superior ao de uma linha de montagem convencional. Longe de ser um inconveniente, a produção ininterrupta garante aos presos ocupação do seu tempo de forma produtiva e transformação dele em renda. Com a chegada das festas de final de ano, a empresa planejava suspender as atividades por 15 dias, mas os próprios presos solicitaram autorização e material para que a sua linha de montagem não parasse.

Uma visita à cadeia de Indaial quebra tabus em todo o espectro ideológico. A esmagadora maioria dos presos — mais de 80% — aceita trabalhar. Segundo o Diretor de Segurança, Rodrigo Pinho, foram poucos os casos de presos que preferiram a transferência para outros presídios porque não concordaram com a rotina imposta em Indaial.

Essa rotina envolve uma rígida disciplina. Procedimentos detalhados evitam a entrada de drogas e armas, e a TV dos alojamentos tem horário certo para ser desligada. Os presos que trabalham podem usar seu dinheiro para comprar apenas uma lista restrita de itens permitidos pela diretoria.

A última fuga ocorreu há cinco anos, e os presos foram recapturados poucas horas depois.

Para cada três dias trabalhados é reduzido um dia da sentença.

***

A unidade prisional fica localizada em um bairro de classe média, com casas de bom padrão. A informação é que a maioria dos moradores sequer sabe da existência de uma cadeia no bairro.

Nenhuma prisão é confortável ou agradável. Mas o ambiente geral na cadeia de Indaial é de disciplina e respeito. Andamos no meio dos presos, conversando com eles. Vimos como operam as máquinas e equipamentos cedidos pela empresa, e conversamos com o preso encarregado do controle de qualidade da produção. Em nenhum momento nos sentimos inseguros ou ameaçados.

A capacidade de punir efetivamente quem quebra as regras mais sagradas da sociedade é um dos fundamentos da civilização. Como disse Ricardo Morlo, o diretor da unidade de Indaial, depois de preso o criminoso não evapora; é preciso guardá-lo, alojá-lo, alimentá-lo e fazer o possível para que, ao sair da prisão, ele não reincida no mesmo erro.

Não existe ressocialização. Existe reabilitação; mas ela precisa ser precedida de arrependimento genuíno e da decisão do criminoso de não cometer mais crimes. Tudo que o Estado pode fazer é fornecer algumas condições para que isso ocorra. A decisão final será, sempre, do indivíduo.

A cadeia de Indaial não resolve todos os problemas e nem responde a todas as perguntas. Como não há acompanhamento daqueles que são libertados, não se conhece o impacto do trabalho dos presos nas taxas de reincidência. O senso comum diz que a oportunidade de trabalhar na prisão diminui a chance de voltar ao crime; mas o senso comum nem sempre é um bom guia em questões como essa. Precisamos de números, e esses ainda estão por vir.

Mas parece evidente a todos que visitam Indaial que a introdução do trabalho como rotina em uma unidade prisional humaniza e disciplina o ambiente, e dá ao preso um mínimo de autonomia e de controle sobre seu futuro.

Quando se trata de crime, punição e justiça não existem respostas fáceis. É preciso, sempre, lembrar daqueles que não estão mais presentes; daqueles que, por serem vítimas — como pai e o filho de 11 anos que foram assassinados a queima-roupa, essa semana, em Pernambuco, durante o roubo de uma motocicleta[205] — só podem ser encontrados na memória dos seus entes queridos ou nos cemitérios.

Devemos a todas essas vítimas, e a suas famílias, a busca por um modelo de justiça prisional que puna os criminosos de acordo com a gravidade dos seus crimes e que desestimule futuros criminosos em potencial — mas que trate os que cumprem suas sentenças

---

205. Veja: https://g1.globo.com/pe/caruaru-regiao/noticia/pai-e-filho-de-7-anos-sao-assassinados-a-tiros-em-toritama.ghtml (acesso em 12 de maio de 2018).

com dignidade e respeito — ainda que esse tratamento não tenha sido dispensado às suas vítimas.

Indaial não teria sido possível sem a coragem de Afonso Schreiber, o empreendedor que fundou e tornou a Taschibra uma das maiores empresas do ramo de iluminação no país. Afonso foi muito além de sua obrigação como cidadão e empresário. Antes de ir à cadeia visitamos as impressionantes instalações da Taschibra, que incluem gigantescos galpões onde ficam os estoques, linhas de produção e laboratórios de testes de tecnologias.

Ninguém entra em uma cadeia e sai de lá a mesma pessoa. Em Indaial aprendi que uma prisão não precisa ser o final de uma vida, e nem uma escola do mal.

As lições de Indaial precisam ser aprendidas, e seu modelo replicado por todo o país.

Precisamos de um modelo de prisão que ocupe os detentos com trabalho produtivo, dando-lhes a chance de recuperar sua dignidade e alguma prosperidade por seu próprio esforço.

E essa é uma das portas pelas quais nosso país chegará em um futuro melhor.

O DIA EM QUE ENCAREI O FREIXO

O QUE EU FALEI QUANDO ESTIVE CARA A CARA COM O DEPUTADO RADICAL E A ANTROPÓLOGA DA UFF

Em julho de 2017 fui a uma audiência sobre segurança promovida pelo Ministério Público do Rio de Janeiro. Um *site* jurídico descreve o que encontrei:

> [...] o auditório parecia uma arquibancada de estádio de futebol. Do lado esquerdo de quem estava no palco, de frente para o público, havia cerca de 15 moradores de comunidades vestindo uma camiseta amarela com a frase "as favelas pedem paz", adornada por uma pomba. Também havia membros desse grupo "à paisana", estudantes e professores. Já o lado direito foi dominado por policiais militares — cerca de 50 integrantes da corporação, a maioria cadetes em formação, estavam lá. Tal setor ainda agrupava integrantes do MP e da Defensoria Pública. O clima de arena esportiva esteve presente durante toda a audiência[206].

A turma da camiseta amarela era a "torcida organizada" do então deputado estadual Marcelo Freixo, que fazia parte da mesa

---

206. https://www.conjur.com.br/2017-ago-02/audiencia-mp-rj-seguranca-clima-estadio-ofensas (acesso em 8 de maio de 2018).

diretora, junto com outros dez ativistas, detentores de títulos diversos — sociólogo, antropólogo, presidente desta ou daquela ONG.

O evento foi aberto pelo procurador-geral de Justiça do Rio, que fez um discurso conciliador, seguido pela exibição de um vídeo produzido pelo "jornal" *Voz das Comunidades* sobre a percepção da violência no Rio. O *site* descreve assim o vídeo:

> Nele, pessoas passando pelo calçadão do Leblon ouvem sons de tiros e são questionadas sobre o local onde esses áudios foram gravados. As respostas indicavam países do Oriente Médio: Afeganistão, Iraque, Síria. Surpresos, os transeuntes descobrem que o barulho dos disparos foi gravado em favelas do Rio.

Ou seja: era uma peça de propaganda ideológica, feita para *provar* que na zona sul não há crime. Claro que não há: os tiros de fuzil que eu escuto nos morros Pavão-Pavãozinho, a menos de 600 metros da minha casa, devem ser ilusão auditiva. Os tiros escutados na Rocinha e no Vidigal são alucinação coletiva. Que bom que tem sempre uma ONG para iluminar a gente, pensei comigo mesmo.

Ou, talvez, para enganar.

Essa percepção foi confirmada pelo coordenador de um certo "Instituto Brasileiro de Análises Sociais e Econômicas". Segundo esse "especialista", o vídeo mostra a desigualdade da percepção da violência na capital fluminense. "Quem mora no asfalto não tem ciência disso. Mas a gente vive essa realidade há muitos anos".

Hmm, pensei. Ninguém mora *no asfalto*, senhor coordenador. As pessoas moram em *casas, prédios*. E não há lugar no Rio onde não haja crime. Achei curiosa a ignorância do senhor coordenador. Ou seria apenas cegueira provocada por ideologia? As coisas ainda iriam piorar. O senhor coordenador continuou dizendo que

> [...] a sociedade não pode mais aceitar que a polícia "cumpra um papel de capataz" perante pobres e negros

para oferecer conforto à outra parte dos brasileiros. A segurança tem que ser para todos, disse.

Depois falou a fundadora da entidade "Redes da Maré". O discurso foi o mesmo:

> Enquanto o Estado achar que as pessoas que moram nas favelas se confundem com as que se envolvem em crimes, dificilmente vamos avançar numa agenda em que o direito à segurança pública seja para todos.

Ué, mas quem pensa isso não é o Estado, pelo que eu sei. Essa é a posição defendida *pelos ativistas de extrema esquerda*, que afirmam que o crime é causado pela pobreza, e que reprimir o crime é reprimir os pobres. Eu mesmo falo sobre isso nas minhas palestras.

Tive vontade de falar, e me inscrevi na lista de oradores.

Em seguida foi a vez de uma senhora de corte de cabelo moderno, óculos escuros e um colete vistoso. Ela não falou; ela tirou o microfone do pedestal e fez uma *performance*, repleta de inflexões de voz estudadas e gestos teatrais. Seu discurso caracterizou as ações policiais nas favelas como incursões de um poder opressor. Ela afirmou que enquanto policiais e moradores de favelas morrem diariamente, "os senhores da guerra capitalizam em cima dos conflitos".

Quem seriam esses "senhores da guerra"?, pensei comigo mesmo. Os traficantes? Os contrabandistas de armas? Os consumidores de droga? A senhora — que vem a ser professora da Universidade Federal Fluminense[207] — nunca esclareceu essa questão.

---

207. A professora é doutora em Ciência Política. Sua tese de doutorado foi orientada pelo senhor Luís Eduardo Soares, o polêmico ex-Secretário de Segurança Pública do governo Garotinho. As conclusões da tese são: 1. É errado achar que segurança pública "corresponde a uma caçada dos inimigos da boa ordem e da paz pública", 2. As questões de ordem pública não têm nada a ver com a soberania do Estado e 3. É errado as Forças Armadas atuarem em segurança pública.

Mas foi ovacionada pela claque uniformizada, sentada do lado esquerdo do auditório.

Minha confusão mental — e moral — aumentou quando ouvi o orador seguinte, o secretário municipal de Educação, contar que as escolas públicas estão combatendo a violência dentro de seus muros por meio de campanhas contra o *racismo* e a *homofobia*. Ué? São essas as causas da criminalidade no Rio de Janeiro?

Não são, pensava eu, enquanto aumentava minha vontade de falar.

Foi a vez do defensor público-geral do Rio de Janeiro — um servidor público pago com meus impostos — ofender a minha inteligência ao fazer, em sequência, três comentários sem sentido.

Primeiro ele disse que ficou "surpreso com o fato de as pessoas não saberem que existe uma guerra urbana em sua cidade" (caro doutor, *quem ainda não sabe disso?*).

Depois, ele se mostrou frustrado com a insistência das autoridades em recorrer a medidas que não funcionaram no passado, como o uso das Forças Armadas no patrulhamento das ruas e rodovias do Rio (prezado doutor, *me diga o que o senhor acha que funcionou*).

E, por último, reclamou da "mesma política de combate às drogas, que não tem produzido nenhum resultado em nosso país".

Engoli em seco e respirei fundo.

Aí veio o deputado Freixo.

Ele pegou o microfone e alertou contra o *fascismo*. Entre outros clichês disse que a cidade é "dividida", e que existe uma parte que vive em segurança e enquanto a outra sofre com o crime. E, mais uma vez, disse que o problema é a polícia. Ele falava olhando para o seu grupo uniformizado com camisetas amarelas na plateia. Em determinado momento se dirige aos policiais:

> Não é possível que fascistas de plantão digam que representam vocês. O fascismo é uma ameaça à democracia. Queremos uma política de segurança eficaz porque queremos democracia para todos.

Depois falaram as autoridades policiais. O constrangimento era visível. O chefe da Polícia Civil do Rio pediu investimentos na instituição. O Comandante da PM mandou um recado: "se os valores da tropa estão errados, esses valores vieram da sociedade onde a tropa está inserida". É o óbvio. Mas o óbvio, naquele momento, naquele auditório, estava em falta. O secretário de Segurança do Rio disse estar "de mãos atadas" com a crise econômica do estado.

Nenhum deles respondeu a qualquer das ofensas lançadas pelos ativistas na cara dos policiais presentes: fascistas, racistas, algozes dos pobres. A polícia carioca foi chamada de tropa opressora a serviço dos ricos.

E ficou por isso mesmo.

De repente chamaram meu nome. Chegou minha vez de falar. É assim que a matéria do *site* descreve esse momento:

> O clima da sessão esquentou quando foi aberta a participação do público. O engenheiro e ativista Roberto Motta — um dos palestrantes do polêmico evento do MP-RJ sobre segurança pública que acontecerá em setembro — opinou que o problema não está na polícia, e sim nos criminosos.

Tudo o que eu tinha ouvido dos ativistas e do deputado Freixo tinha ficado engasgado na minha garganta. Quando cheguei ao microfone, foi isso que eu disse:

> Saúdo as autoridades presentes, especialmente nossos honrados policiais. Em nome da sociedade civil eu agradeço a cada um de vocês por seu trabalho e seu sacrifício diário.
>
> Ao contrário do sr. Itamar, ao invés de controlar a polícia, eu prefiro controlar os criminosos. Ao contrário de alguns outros palestrantes, eu não acho que o

problema está na polícia. Eu acho que o problema está nos criminosos.

Represento a comunidade de moradores do Posto 6, em Copacabana. Minha rua vira praça de guerra todo fim de semana de sol e durante todo o verão. Os crimes, em sua esmagadora maioria cometidos por adolescentes, acontecem na frente da minha janela. Pessoas são rotineiramente espancadas, esfaqueadas e baleadas. A menos de 800 metros da minha casa há um morro, onde existem criminosos portando fuzis. Escuto os tiros quase toda semana. É guerra, no coração da zona sul. É como no filme que passou aqui.

Nenhum lugar da cidade é seguro. Nada mais é sagrado: mulheres grávidas, crianças, pessoas de idade. A única coisa que parece sagrada é o direito do criminoso de praticar seus crimes.

Eu tentei entender o que estava acontecendo. Eu sou um cidadão comum. Trabalho o dia inteiro. Tenho mulher e dois filhos. Nossa rotina é marcada pelo medo do crime. É uma vida impossível. Eu tentei entender o porquê isso acontece.

Eu descobri que a maior parte dos criminosos adolescentes que são presos ficam pouco tempo na cadeia, não importa o crime que tenham cometido. Aliás, eu nem posso dizer que eles são presos. O termo correto é "apreendidos". É um eufemismo. Boa parte volta direto para as ruas. A outra parte fica internada poucos meses.

Eu descobri que existe uma coisa chamada audiência de custódia, cujo único objetivo é verificar o bem-estar do preso. Não se fala do crime e nem da vítima. Os números mostram que no Rio de Janeiro mais de 50% dos presos são soltos nessas audiências de custódia.

Eu, cidadão comum, descobri que existe uma coisa chamada regime semiaberto, que coloca criminosos perigosos nas ruas depois de cumprir apenas 1/6, ou no máximo 2/5, das penas a que foram condenados.

Eu descobri que existe um número enorme de entidades que defendem os criminosos, mas não defendem as vítimas. São entidades que acham que o problema é de ricos contra pobres e de brancos contra negros, quando é, simplesmente, do bem contra o mal. De criminosos contra cidadãos de bem e contra a polícia.

Eu queria dizer que direitos humanos não valem só para criminosos, mas para policiais e cidadãos comuns.

Se a pergunta de hoje é "como enfrentar o crime organizado", para mim a resposta é clara: é preciso mudar a lei, ou nosso policiamento se resumirá a enxugar gelo.

É preciso acertar a nossa moral, e honrar e proteger quem nos defende, e não quem tenta nos destruir.

Essa é a realidade diante de nós. Ignorar isso, e colocar a culpa na polícia, é uma mistura fatal de cegueira e ideologia.

* * *

No meio do discurso a claque do Freixo começou a me vaiar. Nenhum elogio ou aplauso, até hoje, me fez sentir tão honrado e realizado como aquela vaia.

Essas palavras estavam presas no meu peito há vários anos. Ter a oportunidade de dizê-las na frente daquele que é um dos principais promotores da ideia do bandido vítima, e de muitas pessoas que fazem da promoção do ódio social e do veneno ideológico um meio de vida, não tem preço.

A luta por um país melhor e uma vida mais justa começa com as ideias corretas. E nenhuma ideia é mais importante do que a igualdade de todos perante a lei.

A sentença do criminoso não pode ser mais leve que a sentença da vítima.

Parte III | DIMENSÕES DA CULTURA

O homem que não lê bons livros não leva vantagem alguma sobre o analfabeto.

Mark Twain

As Seis Dimensões de Hofstede

CULTURA É UMA COISA QUE COLOCARAM NA SUA CABEÇA

Por que o presidente de uma empresa brasileira é tratado como "Dr. Roberto", enquanto o quase trilionário Elon Musk, dono de algumas das maiores empresas do mundo — Twitter, Tesla, Space X — é chamado simplesmente de Elon? Por que a rainha da Inglaterra e o ex-presidente Obama seguram seus próprios guarda-chuvas, mas a prefeita de Paris e a ex-presidente Dilma precisavam de um funcionário para fazê-lo?

Os brasileiros se sentem atolados em uma lama viscosa de impossibilidades, enquanto para outros países parece que não há limites e tudo é possível. Até os anos 80 a produtividade do trabalhador brasileiro era igual à da Coreia do Sul; a partir daí o gráfico mostra a Coreia disparando e o Brasil estagnado. Na verdade, na média, o trabalhador brasileiro produziu *menos* em 2011 do que em 1980.

Por quê?

A igualdade perante a lei é um conceito básico nas culturas anglo-saxônicas, mas no Brasil aprendemos desde cedo que algumas pessoas podem tudo, enquanto outras não têm direito a nada.

Por quê?

O Brasil tem jeito? Podemos ter esperança de mudar uma cultura que, na opinião de muitos, valoriza relações pessoais e símbolos de poder mais do que valoriza esforço individual e mérito?

Respostas surpreendentes para essas perguntas podem ser encontradas no trabalho de um antropólogo holandês magro, careca e de nome esquisito: Geert Hofstede. Suas ideias foram publicadas em 1980, no livro *Culture's Consequences* [*Consequências da Cultura*][208]. Em 1991 Hofstede publicou um segundo livro, desta vez para o público leigo, chamado *Cultures and Organizations: Software of the Mind* [*Culturas e Organizações: Software da Mente*][209].

É sobre as ideias de Hofstede e suas surpreendentes conclusões que vamos falar agora.

* * *

Em 1989, saí do Brasil para trabalhar como consultor do Banco Mundial em Washington, D. C., a capital dos EUA. Até 1994 fiz parte de uma equipe de brasileiros, americanos, indianos, iranianos, tailandeses, alemães, vietnamitas e coreanos, chefiada por suecos e americanos. Comecei a me interessar pelas diferenças entre as culturas com as quais eu convivia diariamente. Por que os coreanos eram tão trabalhadores, as colombianas tão vaidosas e os suecos tão simples e humildes[210]?

Tive que esperar pelas respostas até 2014, quando abri pela primeira vez *Culturas e Organizações*. É um livro saboroso, que foge das narrativas simplificadas e do tecnicismo estéril. Sem querer, acabei me tornando um quase-especialista no trabalho de Hofstede. Seus livros estão sempre na minha mesa e seus conceitos nas minhas palestras. Ainda não encontrei uma plateia, no Brasil ou no exterior, que não ficasse fascinada com o poder explicador de suas ideias.

---

208. HOFSTEDE, Geert. *Culture's Consequences: Comparing Values, Behaviors, Institutions and Organizations Across Nations*. Thousand Oaks: Sage Publications, 2ª ed. 2003.
209. HOFSTEDE, Geert; HOFSTEDE, Gert Jan e MINKOV, Michael. *Cultures and Organizations: Software of the Mind*. Nova York: McGraw Hill, 2010.
210. Anders Bergvind, o sueco que era meu chefe imediato no Banco Mundial, foi uma das pessoas mais gentis, sensíveis e sensatas que conheci em toda a minha vida. Anders morreu vítima de câncer de pâncreas, anos depois do meu retorno ao Brasil. Foi a mesma sentença que vitimou meu pai.

Mas que ideias são essas? A primeira ideia é que *a cultura é um aplicativo, um* software *que instalamos nas nossas mentes nos primeiros dez anos de vida.* Uma vez instalado, as modificações que podemos fazer nesse *software* são poucas, diz Hofstede:

> Toda pessoa carrega dentro de si mesma padrões de pensamento, sentimento e potencial de ação que foram aprendidos durante toda a vida. A maior parte desses padrões é absorvida na primeira infância, porque nessa época somos mais capazes de aprender e assimilar. Rapidamente, certos padrões de pensamento, sentimentos e ações se estabelecem na mente do indivíduo, e ele ou ela precisa desaprender esses padrões antes de poder aprender algo diferente, e desaprender é mais difícil do que aprender pela primeira vez[211].

Essa *programação mental* descrita por Hofstede acontece em três níveis (ver Figura 1):

3 Níveis de Programação Mental

Programação Mental Específica do indivíduo	Personalidade	Herdada ou Aprendida
Programação Mental Específica do Grupo ou Categoria	Cultura	Aprendida
Universal	Natureza Humana	Herdada Geneticamente

FIGURA 1

---
211. Idem. *Ibidem.*, p. 5.

No nível mais baixo — o nível universal — compartilhamos a mesma natureza humana com toda a humanidade. Esse nível de programação é herdado. No nível mais alto está a programação mental específica de cada indivíduo; é o que caracteriza a nossa personalidade. A programação desse nível superior pode ser herdada ou aprendida, e é específica de cada pessoa.

A cultura fica no meio, entre a natureza humana básica e nossa personalidade. Hofstede diz que *cultura é a programação mental específica de um grupo ou categoria*. Ela consiste nas regras não escritas do jogo social. A cultura é um fenômeno coletivo; é a programação mental comum que distingue os membros de um grupo dos membros de outro grupo. A cultura, diz Hofstede, é sempre aprendida, e está relacionada com a nacionalidade:

> Usando como analogia a forma como os computadores são programados, este livro chamará esses padrões de *programas mentais* de pensamento, sentimento e ação, ou o *software da mente*. Isso não significa, é claro, que as pessoas sejam programadas da mesma forma que os computadores. O comportamento de uma pessoa é apenas parcialmente predeterminado por seus programas mentais: ele ou ela tem uma capacidade básica de se desviar desses programas e reagir de maneiras novas, criativas, destrutivas ou inesperadas. O *software* da mente ao qual este livro se refere apenas indica quais reações são prováveis e compreensíveis, considerando-se o passado.
>
> As origens dos programas mentais estão dentro dos ambientes sociais nos quais a pessoa cresceu e reuniu experiências de vida. A programação começa dentro da família; continua no bairro, na escola, nos grupos juvenis, no local de trabalho e na comunidade. [...] Os programas mentais variam tanto quanto os ambientes sociais em que foram adquiridos[212].

---

212. Idem. *Ibidem.*, p. 5.

A cultura se manifesta em diferentes níveis de profundidade, como as diversas camadas de uma cebola (Figura 2). No nível mais externo estão os símbolos: são palavras, gestos ou objetos que têm significado reconhecido por quem compartilha aquela cultura. São as gírias, o modo de vestir e os símbolos de status, por exemplo.

Em uma segunda camada interior estão os heróis — personagens reais ou imaginários que servem como modelo de comportamento. Nos EUA os heróis são George Washington, Abraham Lincoln, Bill Gates — e até personagens de ficção, como o Batman. Quais seriam os heróis brasileiros?

No terceiro nível estão os rituais. Rituais são atividades coletivas, tecnicamente supérfluas, como o cumprimento com aperto de mão, o tapinha no ombro e a saudação com beijos. Um exemplo de ritual brasileiro é a cerimônia de posse de uma autoridade[213].

Manifestações da Cultura: Níveis de Profundidade

- Símbolos
- Heróis
- Rituais
- Valores

Cultura Nacional

Práticas = Cultura Corporativa

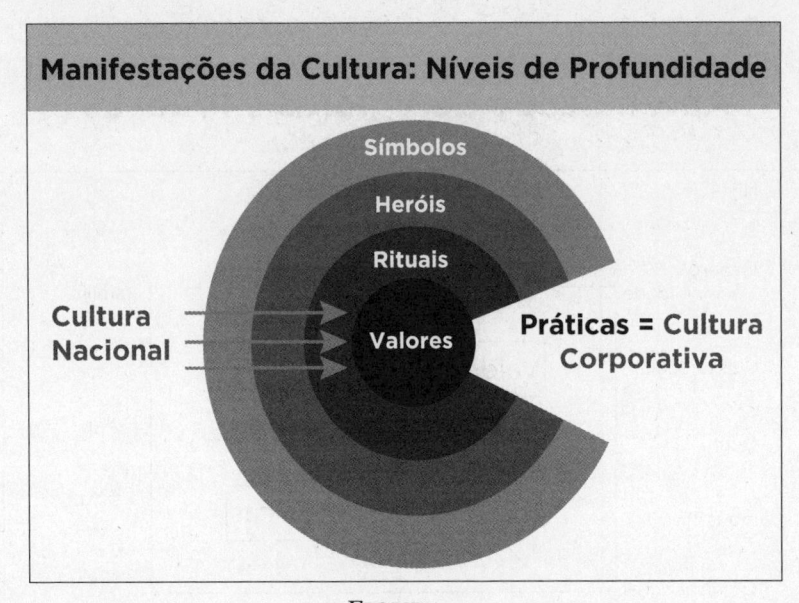

FIGURA 2

---

213. É irresistível observar a diferença entre a expressão brasileira *tomar posse de um cargo* (ou seja, tomar aquele cargo para si) e a expressão americana equivalente *to be sworn into office* (fazer o juramento do cargo).

Hofstede chama as três camadas exteriores de *práticas* — são as manifestações da cultura que são visíveis para observadores externos. No centro da cebola estão os *valores*. Esse é o núcleo da cultura: é aí que estão os conceitos de bem ou mal, moral ou imoral, bonito ou feio, limpo ou sujo e decente ou indecente.

Esses valores básicos são adquiridos nos primeiros dez anos de nossas vidas — é o que Hofstede chama de *cultura nacional*. Hofstede reconhece a existência de um outro tipo de cultura, a *cultura organizacional*, que é adquirida quando entramos em uma organização — uma empresa, por exemplo — como jovens adultos, com nossos valores básicos já consolidados.

A cultura organizacional é mais superficial, e consiste principalmente de práticas. Como mostra a Figura 3, a maior parte dos nossos valores é estabelecida no ambiente familiar.

Aprendizado de Valores e Práticas

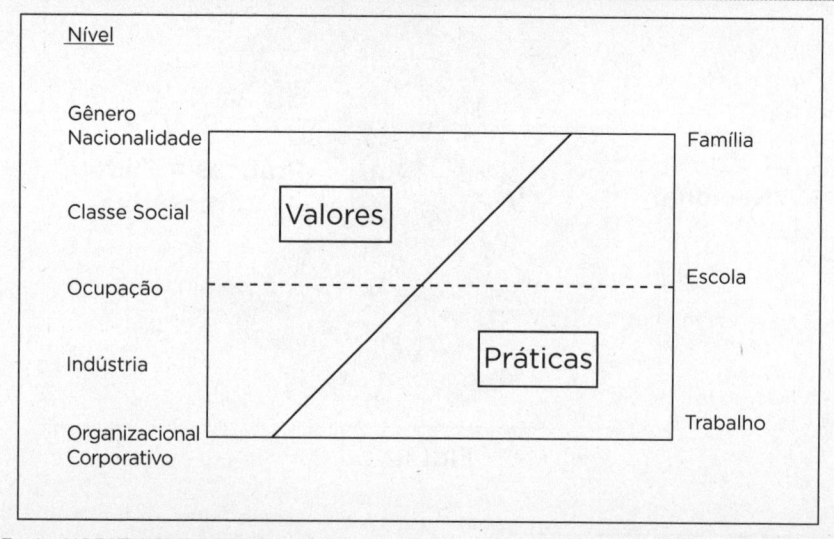

Nível

Gênero / Nacionalidade		Família
Classe Social	Valores	
Ocupação		Escola
Indústria	Práticas	
Organizacional / Corporativo		Trabalho

Fonte: HOFSTWEDE, MINKOV, 1991

FIGURA 3

A figura mostra os vários níveis de cultura, desde o nível de gênero, ainda mais básico que o de nacionalidade, até o nível da cultura corporativa. Os níveis mais básicos têm um componente muito maior de valores, enquanto os níveis mais superficiais consistem principalmente de práticas.

Diz Hofstede:

> As práticas são a parte visível das culturas. Novas práticas podem ser aprendidas durante toda a vida; pessoas com mais de 70 anos aprendem a navegar na web em seu primeiro computador, adquirirem novos símbolos, encontram novos heróis e se comunicam através de novos rituais. A mudança de cultura é lenta no núcleo da cebola, onde estão o que chamamos de valores. Aprendemos esses valores na nossa infância, de pais que também os aprenderam quando crianças[214].

Quando dizemos que, no mundo moderno, as culturas nacionais ficam cada vez mais similares, na verdade estamos falando do nível das práticas. Essas manifestações relativamente superficiais de cultura como estilo de roupas, produtos de consumo, filmes e programas de TV, são consideradas erroneamente como expressão total das culturas. O nível mais profundo — aquele onde estão os valores que determinam o significado das práticas — permanece ignorado.

A disseminação do uso de tecnologia e dos mesmos bens de consumo causa a falsa impressão de uma convergência cultural mundial. Isso é um engano, diz Hofstede:

> Há muitas coisas nas sociedades que a tecnologia e seus produtos não mudam. Se os jovens turcos bebem

---

214. HOFSTEDE, Geert ; HOFSTEDE, Gert Jan e MINKOV, Michael. *Cultures and Organizations. Op. cit.*, p. 19.

Coca-Cola, isso não afeta necessariamente suas atitudes em relação à autoridade. Em alguns aspectos, os jovens turcos diferem dos turcos mais velhos, da mesma forma que os jovens americanos diferem dos americanos mais velhos. No modelo da cebola da Figura 2, essas diferenças estão principalmente nas camadas relativamente superficiais de símbolos e heróis, de moda e consumo. Na esfera dos valores — as atitudes fundamentais em relação à vida e às outras pessoas — os jovens turcos diferem dos jovens americanos tanto quanto os turcos idosos diferem dos americanos idosos. Não há evidências de que os valores das gerações atuais de diferentes países estejam convergindo[215].

* * *

Esse é o segundo conceito central de Hofstede: *os valores dos indivíduos de um país são os valores culturais de sua nacionalidade.* Membros de diferentes organizações de um mesmo país compartilham os mesmos valores fundamentais. Esses valores básicos formam a cultura de uma sociedade, e essa cultura nacional muda muito lentamente. Alerta Hofstede:

> Nunca acredite em políticos, líderes religiosos ou grandes empresários que prometem reformar os valores nacionais. Os valores de uma nação devem ser considerados tão fixos como sua posição geográfica ou seu clima[216].

O trabalho de Hofstede não é uma teoria isolada, mas teve como base os estudos das antropólogas Ruth Benedict e Margaret

---

215. Idem. *Ibidem.*, p. 19.
216. Idem. *Ibidem.*, p. 20.

Mead, em meados do século XX, e a pesquisa sobre culturas nacionais realizada pelos pesquisadores Inkeles e Levinson[217] em 1954.

Nos anos 70 Hofstede teve acesso a uma pesquisa sobre valores feita pela IBM, com 100 mil funcionários de suas subsidiárias em mais de 50 países. A análise estatística das respostas revelou problemas comuns, com soluções que variavam de um país para outro. Os resultados mostravam alta correlação com as previsões de Inkeles e Levinson, e levaram Hofstede a agrupar as respostas da pesquisa em quatro temas: desigualdade social, relacionamento entre indivíduo e grupo, conceitos de masculinidade e feminilidade e tratamento da incerteza e ambiguidade. Esses agrupamentos foram chamados de *Dimensões Culturais*[218].

Depois da publicação de sua pesquisa no livro *Consequências da Cultura*, em 1974, inúmeros outros pesquisadores realizaram trabalhos que confirmaram, no todo ou em parte, os resultados encontrados por Hofstede[219].

---

217. INKELES, Alex e LEVINSON, Daniel J. "Nacional Character: The study of Modal Personnalité and Sociocultural Systems". *In:* INKELES, Alex. *Nacional Character: A Psycho-Social Perspective*. New Brunswick: Transaction Publishers, 1997.
218. Alguns dos estudos mais importantes que confirmaram os achados empíricos de Hofstede foram o *Chinese Values Survey* (que resultou na inclusão da dimensão cultural de Orientação a Curto ou Longo Prazo), o *World Values Survey* (que criou a dimensão de Indulgência e Autocontrole) e o projeto GLOBE de Robert House, que aplicou o conceito de dimensões culturais à análise da liderança.
219. MOURITZEN, Poul Erik e SVARA, James H. *Leadership at the Apex: Politicians and Administrators in Western Local Governments*. Pittsburgh: University of Pittsburgh Press, 2002; MOOIJ, Marieke de. "Masculinity / Femininity and Consumer Behavior", *In:* HOFSTEDE, Geert (Org.). *Masculinity and Femininity: The Taboo Dimension of National Cultures*. Thousand Oaks: Sage Publications, 1998, p. 56-76; MERRITT, Ashleigh C. "Culture in the Cockpit: Do Hofstede's Dimensions Replicate?" *Journal of Cross-Cultural Psychology*, vol. 31, nº 3 (maio de 2000): 283-301; SHANE, Scott A. "Uncertainty Avoidance and the Preference for Innovation Championing Roles". *Journal of International Business Studies*, vol. 26, questão 1 (março de 1995): 47-68; HOPPE, Michael H. e BHAGAT, Rabi S. "Leadership in the United States: The Leader as a Cultural Hero". *In:* CHHOKAR, Jagdeep S. ; BRODBECK, Felix C. e HOUSE, Robert J. (Ed.). *Culture and Leadership Across the World: The GLOBE Book of In-Depth Studies of 25 Societies*. Thousand Oaks: Sage Publications, 2000, p. 475-595.

***

O conceito central do trabalho de Hofstede é a ideia de *Dimensões Culturais*, que são *respostas únicas que cada cultura dá para um conjunto universal de problemas comuns*. Dimensão Cultural é um aspecto de uma cultura que pode ser medido e comparado com outras culturas.

Imagine que fosse possível medir o grau de individualismo de um povo, e compará-lo com o de outra nação. Imagine ser capaz — como se usássemos uma fita métrica — de medir o quão feminina ou masculina é a cultura brasileira comparada, digamos, com a cultura americana. Imagine poder dar para um país uma nota que indique, instantaneamente, se naquela sociedade o poder é distribuído de forma justa, ou se é concentrado nas mãos de poucas pessoas.

Essa é a ideia principal de Hofstede: o conceito de dimensões culturais e os mecanismos para medir e comparar aspectos críticos das culturas.

As Dimensões Culturais definidas por Hofstede são:

Distância de Poder: mede até que ponto os membros menos poderosos de organizações aceitam e esperam que o poder seja distribuído de forma desigual. Essa dimensão mede o grau de desigualdade humana que está embutido no funcionamento de uma sociedade.

Individualismo/Coletivismo: mede o quanto as culturas enfatizam os direitos e necessidades do indivíduo, incluindo autossuficiência, liberdade e realização pessoal (culturas individualistas), em oposição à orientação para a família, as organizações e a comunidade (culturas coletivistas).

Aversão à Incerteza: mede a aceitação cultural da incerteza, do risco e de comportamentos não convencionais. Culturas com alto grau de Aversão à Incerteza têm políticas, procedimentos e regras detalhando que ações devem ser tomadas sob quais condições, tentando limitar risco e incerteza.

Masculinidade/Feminilidade: culturas masculinas valorizam comportamentos assertivos, agressivos e competitivos. Essas culturas se preocupam com desempenho e justiça. Culturas femininas valorizam relacionamentos, confiança, compaixão e qualidade de vida.

Orientação a Longo ou Curto Prazo: mede a perspectiva de tempo usada ao lidar com uma situação.

Indulgência/Autocontrole: Indulgência representa a tendência a permitir a livre satisfação dos desejos humanos naturais básicos de aproveitar a vida e obter diversão. Autocontrole representa o polo oposto, a convicção de que essa satisfação precisa ser controlada e regulada por normas sociais estritas.

"Uma dimensão cultural é um conjunto de fenômenos sociais que ocorrem em combinação. Esse relacionamento é constatado empiricamente, baseado em correlações estatísticas, e independe de uma explicação lógica", diz Hofstede. "A lógica de uma sociedade não é a mesma lógica dos indivíduos que as examinam"[220]. Por exemplo, em países com alto grau de Individualismo a maioria das pessoas tem um jardim e faz seguro residencial. Nos países com alta Distância de Poder os poderosos têm direito a privilégios. "Como elas são identificadas com o auxílio de métodos estatísticos"[221], explica Hofstede, "as dimensões só podem ser detectadas comparando um certo número de países uns com os outros"[222].

---

220. HOFSTEDE, Geert ; HOFSTEDE, Gert Jan e MINKOV, Michael. *Cultures and Organizations. Op. cit.*, p. 31.
221. Dimensões são baseadas em correlações estatísticas. O coeficiente de correlação expressa a força do relacionamento entre as variáveis medidas. Explica Hofstede: "Um coeficiente de correlação é dito (estatisticamente) significativo se for suficientemente diferente de zero (para o lado positivo ou negativo) para excluir a possibilidade de que a semelhança entre as duas medidas se deva a uma chance pura. O nível de significância, geralmente 0.05, 0.01 ou 0.001, é o risco restante de que a similaridade ainda seja acidental. Se o nível de significância é 0.05, as probabilidades contra uma correlação acidental são de 19 para um; se for 0.001, as chances são de 999 para um.
222. HOFSTEDE, Geert ; HOFSTEDE, Gert Jan e MINKOV, Michael. *Cultures and*

É importante ressaltar que essas características das culturas nacionais encontradas por Hofstede, e que ele chamou de dimensões culturais, não prescrevem um padrão de comportamento individual. Essas dimensões culturais se aplicam ao nível da sociedade. Apesar do Brasil ter uma cultura classificada como coletivista, cidadãos brasileiros podem ter um comportamento individualista (como é o meu caso), da mesma forma que um americano — uma cultura classificada como masculina, e na qual as relações interpessoais tendem a ser menos intensas — pode ser uma pessoa afetuosa e passional. "Medidas de dimensões culturais nacionais não descrevem indivíduos, apenas as sociedades daquela nação"[223].

**

Tudo o que acontece em um país é determinado pela sua cultura, inclusive — ou principalmente — a forma de estruturar e gerenciar organizações. Em novembro de 2015 eu estava no aeroporto de Frankfurt, aguardando o voo para o Brasil, quando resolvi comer. A lanchonete mais próxima, para onde fui, deveria ter uns 100 metros quadrados. Apenas duas pessoas trabalhavam no estabelecimento; elas recebiam os pedidos, operavam o caixa, serviam os clientes, limpavam as mesas e cuidavam da reposição da mercadoria. Alguns meses depois, fui comprar uma garrafa de água em uma região turística do Rio de Janeiro. O que vi me chocou: na lanchonete brasileira, que ocupava mais ou menos o mesmo espaço da lanchonete de Frankfurt, *seis pessoas* batiam cabeça para atender mal os clientes.

Hofstede diz que não só as organizações estão presas à cultura nacional; as teorias sobre organizações também estão. Os pesquisadores que produziram as teorias são filhos de uma cultura

---

Organizations. Op. cit., p. 31.
223. Idem. *Ibidem.*, p. 40.

[Gráfico de barras comparando Brasil e EUA nas dimensões: Distância de Poder, Individualismo, Masculinidade, Aversão à Incerteza, Orientação a Longo Prazo, Indulgência]

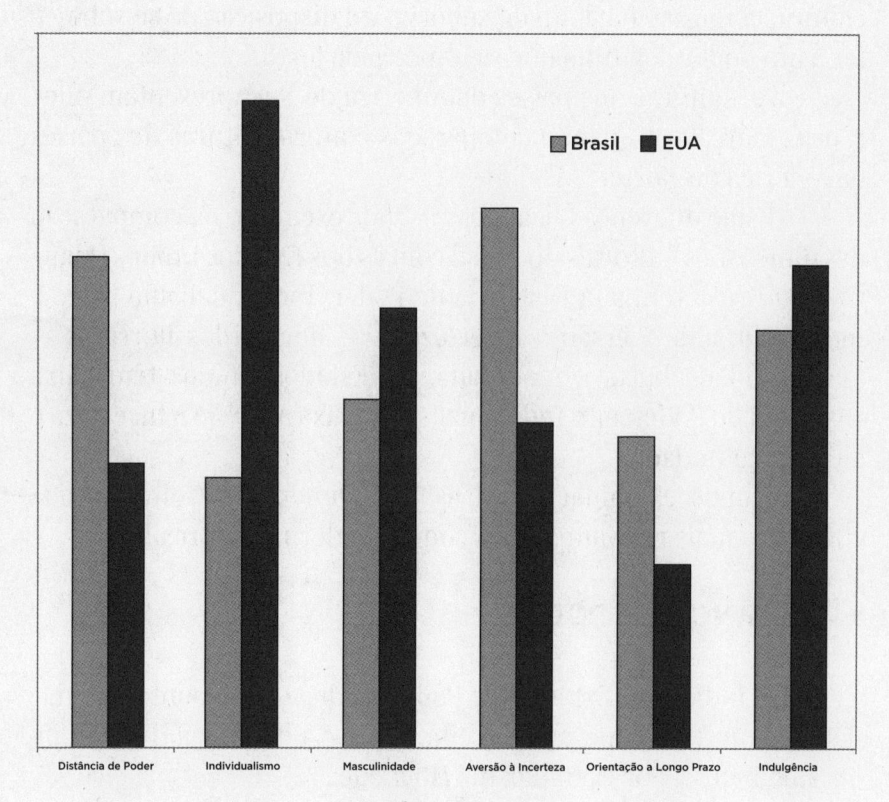

FIGURA 4

nacional; eles cresceram em famílias, frequentaram escolas, trabalharam para empresas. Suas experiências representam o material sobre o qual basearam seu pensamento e suas obras. Os acadêmicos são tão humanos e influenciáveis culturalmente quanto os outros mortais.

Pesquisas sobre valores continuam a mostrar diferenças impressionantes entre nações. A cultura essencial de um país não está em sua música, em suas danças folclóricas, na sua arquitetura ou no seu cinema. Essas — lembrem-se — são as manifestações superficiais — são os símbolos, heróis e rituais. A cultura essencial de uma nação está nos seus valores, nas *regras não escritas do jogo social*. O jeitinho brasileiro é um componente essencial da nossa cultura, como são o hábito do suborno e a disposição de se submeter a um poder ilegítimo que se impõe pela força.

As culturas dos países da América do Sul apresentam diferenças marcantes quando comparadas com as culturas dos países da América do Norte.

Estas diferenças ficam claras, por exemplo, na comparação das dimensões culturais do Brasil com as dos Estados Unidos (Figura 4). O Brasil tem alta Distância de Poder, Individualismo baixo a moderado, alta Aversão à Incerteza, e — horror dos horrores — Masculinidade baixa a moderada. Os Estados Unidos têm baixa Distância de Poder, alto Individualismo, baixa Aversão à Incerteza e alta Masculinidade.

Vamos examinar agora as três Dimensões Culturais que considero mais relevantes para compreendermos o Brasil.

1 - DISTÂNCIA DE PODER

O índice de Distância de Poder mede até que ponto os cidadãos de um país esperam e aceitam que o poder seja distribuído desigualmente. Por exemplo, diz Hofstede:

> Um dos aspectos em que a Suécia difere da França é a forma como a sociedade lida com a desigualdade. Existe desigualdade em qualquer sociedade. Mesmo em um bando de caçadores-coletores, algumas pessoas são maiores, mais fortes ou mais inteligentes do que outras. Além disso, algumas pessoas têm mais poder do que outras: são mais capazes de determinar o comportamento dos outros do que vice-versa. Algumas pessoas adquirem mais riqueza do que outras. Algumas pessoas recebem mais *status* e respeito do que outras[224].

---

224. Idem. *Ibidem.*, p. 54.

FIGURA 5

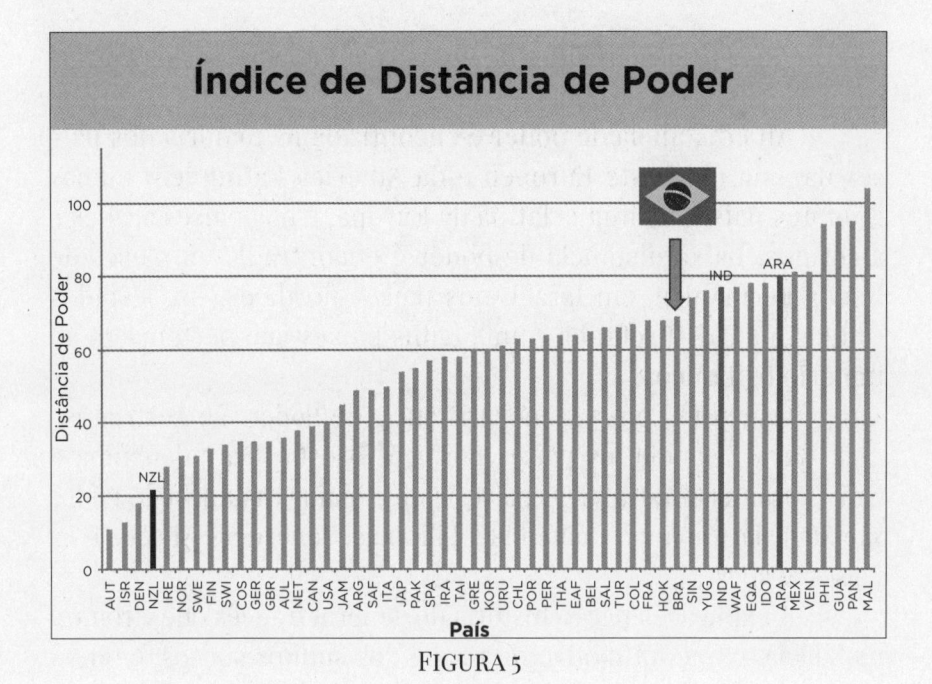

Hofstede conta a improvável história do general francês Jean-Baptiste Bernadotte, um oficial dos exércitos de Napoleão que foi *convidado* pelos nobres da Suécia — que em 1809 haviam deposto o rei Gustavo IV, a quem consideravam incompetente — para se tornar o novo rei. Bernadotte aceitou e tornou-se o rei Carlos XIV João, e seus descendentes ocupam o trono sueco até hoje. Quando o novo rei assumiu o poder, ele fez um discurso no parlamento falando a língua sueca. Sua falta de fluência fez com que os suecos dessem gargalhadas, e o rei ficou tão chateado que nunca mais tentou falar sueco novamente. Súditos gargalhando de um soberano era um episódio inconcebível na França de onde Bernadotte tinha vindo.

O índice de Distância de Poder, criado por Hofstede e que mede o grau de desigualdade na distribuição de poder em uma sociedade, é calculado com base em um questionário padrão, cujas respostas são submetidas a tratamento estatístico. O valor do índice representa a posição relativa de um país em relação aos outros, na escala de distância de poder.

Alta distância de poder é encontrada na maioria dos países da Ásia, do Leste Europeu e da América Latina, em menor grau nos países de língua latina da Europa, e nos países árabes e africanos. Baixa distância de poder é encontrada em países de língua germânica, em Israel, nos países nórdicos, nos Estados Unidos, na Grã-Bretanha e em alguns países que pertenciam ao império britânico.

Os países com a menor Distância de Poder são Áustria, Israel, Nova Zelândia, os países nórdicos, Costa Rica, Alemanha e Grã-Bretanha (Figura 5). Os países com a maior Distância de Poder são Malásia, Panamá, Guatemala, Filipinas, Venezuela, México e os Países Árabes.

A explicação para a história do general francês que virou rei na Suécia, e que foi motivo de risada dos súditos suecos, é que o índice de Distância de Poder sueco é de 31, menos da metade do índice da França, que é de 68.

A Distância de Poder afeta inúmeros aspectos da vida social, começando pela estrutura das famílias. Em países com alta Distância de Poder, como o México, espera-se que as crianças sejam obedientes, e o comportamento independente é desencorajado. Há sempre alguém tomando conta das crianças. O respeito pelos idosos é considerado uma virtude essencial. As relações familiares são calorosas e afetuosas, e a autoridade dos pais permanece durante toda a vida. Espera-se que os filhos tomem conta dos pais na velhice — exatamente como no Brasil, onde, para a maioria das pessoas, ainda é inconcebível colocar os pais idosos em um asilo.

Em países com baixa Distância de Poder, como a Grã-Bretanha, as crianças são tratadas como iguais e encorajadas a experimentar. "As crianças aprendem a dizer não desde cedo"[225], diz Hofstede — inclusive dizer não *para os seus pais*. O respeito pelo indivíduo

---

225. Idem. *Ibidem.*, p. 67.

independe de idade ou status. As relações pessoais tendem a ser menos intensas, e os filhos adultos tratam os pais como amigos. Os pais não contam com os filhos para seu sustento — nos EUA, por exemplo, é comum que as pessoas planejem a ida para um asilo a partir de certa idade.

As descrições dos dois parágrafos anteriores foram deliberadamente polarizadas, explica Hofstede:

> A realidade de uma determinada situação provavelmente estará situada entre esses extremos [...]. Vimos que a classe social e os níveis de educação dos pais, especialmente nos países com baixa distância de poder, desempenham um papel importante. As famílias desenvolvem suas próprias culturas familiares, que podem estar em desacordo com as normas de sua sociedade, e as personalidades individuais de pais e filhos podem levar a comportamentos diferentes. No entanto, as duas situações acima descrevem os pontos extremos e opostos da escala ao longo das qual as soluções para o dilema da desigualdade humana na família irão variar[226].

A Distância de Poder tem implicações no ambiente de trabalho. Hofstede define Distância de Poder entre um chefe e um subordinado como a diferença entre a capacidade do chefe de determinar o comportamento do subordinado e a capacidade do subordinado de determinar o comportamento do chefe. Essa diferença, aceita por ambos e apoiada no ambiente social, é determinada, em grande parte, pela cultura nacional. Em países com alta Distância de Poder, como o Brasil, superiores e subordinados se consideram existencialmente desiguais, e a hierarquia é baseada nesta desigualdade existencial, com grandes variações salariais entre a base

---
226. Idem. *Ibidem.*, p. 68.

e o topo. As organizações centralizam ao máximo o poder; os funcionários esperam por ordens e o trabalho manual tem um *status* muito inferior ao trabalho intelectual. O chefe ideal aos olhos dos subordinados — aquele que os deixa mais confortáveis e pelo qual têm maior respeito — é o autocrata benevolente. Em países com alta Distância de Poder as relações entre chefe e subordinados são carregadas de emoção.

Em países com baixa Distância de Poder, como os Estados Unidos, subordinados e chefes se consideram existencialmente iguais; a hierarquia é apenas uma desigualdade temporária de papéis, estabelecida por razões de conveniência, na qual os papéis podem se inverter: o meu subordinado de hoje pode ser o meu chefe amanhã (a legislação trabalhista permite inclusive a redução de salário). Organizações tendem à descentralização, com hierarquias menores. Há poucos supervisores e menor variação salarial. Os empregados são consultados na hora de tomar decisões, e o chefe age como um democrata habilidoso. As relações entre chefe e subordinado tendem a ser pragmáticas e sem emoção.

Hofstede cita Philippe d'Iribane, diretor de um centro francês de pesquisa em gestão internacional, para falar de emoções no trabalho:

> O caráter fortemente emocional das relações hierárquicas na França é surpreendente. Há uma grande diversidade de sentimentos em relação aos superiores: eles podem ser adorados ou desprezados com intensidade igual. Essa situação não é universal: ela não foi encontrada nem na Holanda e nem nos EUA[227].

Hofstede diz que não foram encontradas diferenças sistemáticas de efetividade entre organizações de países com alta ou

---

227. Idem. *Ibidem.*, p. 73.

baixa Distância de Poder. Indústrias ou mercados respondem melhor a organizações de um tipo ou de outro, dependendo das circunstâncias.

O estudo da Distância de Poder no trabalho tem relevância especial quando consideramos as teorias de gestão utilizadas no mundo inteiro. Hofstede aponta corretamente que métodos de desenvolvimento de liderança inventados nos EUA — um país que tem baixa Distância de Poder — podem não funcionar em países com alta Distância de Poder. As teorias americanas de liderança tendem a ser baseadas em subordinados com nível de dependência médio: nem baixo e nem alto. É um estilo que pode ser descrito como gestão participativa, no qual os subordinados são envolvidos em decisões por iniciativa dos gerentes. É um estilo menos participativo do que na Escandinávia, mas é muito mais participativo do que em países latino-americanos. Funcionários latinos podem não se sentir confortáveis em ser consultados para decisões que eles esperam que o gerente tome sozinho.

Na pesquisa de Distância de Poder, Hoftstede encontrou um resultado curioso, que vale a pena examinar com cuidado, por suas consequências para todos os envolvidos em atividades políticas, especialmente campanhas eleitorais:

> Os valores dos funcionários do alto escalão de uma empresa em relação à desigualdade parecem depender fortemente da nacionalidade; os valores do baixo escalão dependem muito menos. O fato de os trabalhadores menos educados e de baixo status em vários países ocidentais possuírem valores mais "autoritários" do que seus conterrâneos de status mais alto já tinha sido descrito pelos sociólogos. Estes valores autoritários não só se manifestam no trabalho, mas também são encontrados no ambiente doméstico. Um estudo nos Estados Unidos e na Itália na década de 1960 mostrou que os pais e mães da classe trabalhadora exigiam mais

obediência de seus filhos do que os pais e mães da classe média, mas que essa diferença era maior nos Estados Unidos do que na Itália[228].

Em minha leitura, o que Hofstede está tentando dizer é que *as classes trabalhadoras são conservadoras*, independentemente de sua nacionalidade. Entretanto, diz Hofstede:

> Os valores da classe média afetam as instituições de um país, como governos e sistemas educacionais, mais do que os valores das classes mais baixas. Isso ocorre porque as pessoas que controlam as instituições geralmente pertencem à classe média. Mesmo os representantes de grupos de classe baixa, como os líderes sindicais, tendem a ter mais educação — ainda que obtida fora da escola — e, por isso, adotam alguns valores da classe média. Os pais de classes baixas geralmente têm ambições de classe média para seus filhos[229].

* * *

Países com alta Distância de Poder têm um processo educacional centrado no professor, que é tratado com respeito e medo. Hofstede diz que nesses países o professor é um guru que transmite sua sabedoria pessoal, da qual os alunos permanecem sempre dependentes. Nesses países tipicamente os gastos são maiores em universidades e menores em escolas secundárias (vide Brasil).

Em países com baixa Distância de Poder, como a Noruega, o processo de aprendizado é centrado do aluno, e estimula a iniciativa individual. O professor é tratado como igual, a discordância é aceita e a educação é vista como a transmissão impessoal de fatos.

---

228. Idem. *Ibidem.*, p. 66.
229. Idem. *Ibidem.*, p. 64.

Os alunos se tornam mais independentes com o tempo e, tipicamente, os gastos são maiores nas escolas secundárias, contribuindo para o desenvolvimento da classe média.

Hofstede diz que a escola completa a programação mental das crianças, quando professores e colegas transmitem novos valores. Entretanto,

> Não se sabe ao certo o quanto um sistema educacional pode contribuir para mudar uma sociedade. Uma escola consegue criar novos valores, ou apenas reforçar o que já existe em uma determinada sociedade? Em uma comparação feita com escolas de todas as sociedades, surgiram os mesmos padrões de diferenças que haviam sido encontrados dentro das famílias. O relacionamento pais-filhos é substituído pelo relacionamento professor-alunos, mas os valores e comportamentos básicos são transferidos de uma esfera para a outra. E, é claro, a maioria dos alunos continua a passar a maior parte do tempo dentro das suas famílias[230].

Em resumo: a cultura construída dentro das famílias — que inclui os conceitos de moral — é a base de tudo, e é pouco afetada pela cultura transmitida posteriormente pela escola.

* * *

O nível de Distância de Poder de um país se reflete também na relação médico-paciente. Em países com alta Distância de Poder como o Brasil, as consultas médicas são mais rápidas, há menos trocas de informações e um uso maior de antibióticos (via prescrição e automedicação). Nos países com baixa Distância de Poder, há um número maior de doadores de sangue.

---

230. Idem. *Ibidem.*, p. 69.

Nos países com alta Distância de Poder a autoridade é baseada na tradição. O poder é um fato, e sua legitimidade é irrelevante. O poder prevalece sobre o direito e cria sua própria justificativa; aquele que detém o poder passa a ser considerado justo e bom. As fontes de poder são a família, os amigos, o carisma e o uso da força. As discordâncias políticas são resolvidas com violência. Os escândalos entre poderosos são comuns, e serão encobertos. Os poderosos têm direito a privilégios e usam seu poder para acumular riqueza. Os líderes são autocráticos e paternalistas. Embora todos sejam formalmente iguais perante a lei, na prática os poderosos sempre saem vitoriosos. Países com alta Distância de Poder são as sociedades do "você sabe com quem está falando?", enquanto países com baixa Distância de Poder geram as sociedades do "quem você pensa que é?".

Em países com alta Distância de Poder, como a Malásia, as desigualdades entre pessoas são esperadas e desejadas. Em países com baixa Distância de Poder, como a Suécia, espera-se que as desigualdades entre pessoas sejam minimizadas. Em países com baixa Distância de Poder todos são iguais perante a lei: esse é um conceito firmemente enraizado nos hábitos e na moral da sociedade. Nos países com alta Distância de Poder, como disse George Orwell, todos são iguais perante a lei, *mas alguns são mais iguais do que os outros*.

Sociedades com alta Distância de Poder têm mecanismos para garantir a consistência do *status* do indivíduo em diversas áreas de atuação. Essa é uma das sacadas mais geniais de Hofstede. Em sociedades como a do Brasil — com alta Distância de Poder — espera-se que indivíduos famosos sejam também ricos e poderosos, e vice-versa. É natural que um apresentador de televisão ou um jogador de futebol — muito famosos — sejam também muito ricos e se tornem poderosos entrando para a política. Também esperamos que alguém muito poderoso — como um ministro de Estado — seja também muito rico e muito famoso. Em sociedades com baixa Distância de Poder como os EUA isso é diferente: lá, por exemplo, um juiz da Suprema Corte pode ser muito poderoso, mas não ser rico e nem famoso, assim como um jogador de basquete pode ser muito rico e muito famoso, mas está sujeito a ser preso como qualquer cidadão comum.

Hofstede alerta que os hábitos políticos de um país têm raízes profundas no *software* mental de uma grande parte da população. O simples transplante de arranjos institucionais de países com baixa Distância de Poder para países com alta distância não funcionará. *Democracia não é transplantável.* A exportação de ideias para pessoas de outros países precisa considerar o contexto de valores em que essas ideias foram desenvolvidas. Hofstede tem uma visão original sobre os efeitos inesperados do transplante do sistema político comunista:

> Karl Marx também lidou com o poder, mas ele queria dá-lo a pessoas que não tinham poder algum; ele nunca questionou realmente se a revolução que ele pregava iria, na verdade, criar uma nova classe sem poder. Na verdade, ele parecia assumir que o exercício do poder pode ser transferido de pessoas para um sistema, uma filosofia na qual podemos reconhecer o *software* mental das sociedades de baixa Distância de Poder às quais a pátria de Marx, a Alemanha, hoje pertence. Foi uma tragédia para o mundo moderno que as ideias de Marx tenham sido exportadas principalmente para países com alta Distância de Poder, em que a premissa de que o poder deve submeter-se à lei não está presente. Esta ausência de um mecanismo de controle do poder permitiu que sistemas de governo que se diziam herdeiros de Marx sobrevivessem, mesmo quando esses sistemas fariam o próprio Marx se revirar no túmulo. No conceito criado por Marx da "ditadura do proletariado", a ditadura se revelou atraente para os governantes de alguns países com grande Distância de Poder, mas o

proletariado foi esquecido. Na verdade, o conceito é ingênuo: em vista do que conhecemos sobre a tendência humana em direção à desigualdade, a ditadura do proletariado é uma contradição lógica[231].

Mas o que gerou as diferenças de Distância de Poder entre as nações? A explicação que Hofstede produz vem da observação de que países de línguas latinas têm alta Distância de Poder. Esses são países que fizeram parte do Império Romano ou foram colonizados por eles. O Império Romano era dirigido de um ponto central, e sua população estava sempre pronta para acatar ordens. Em comparação, países de línguas germânicas têm baixa Distância de Poder. Esses eram os países "bárbaros", regiões tradicionalmente divididas em pequenas tribos chefiadas por líderes locais, sem um governo central.

A distância de poder de um país está correlacionada com sua latitude geográfica (quanto mais próximo dos trópicos está o país, maior a distância de poder), com sua população (quanto maior a população, maior a distância de poder) e com sua riqueza (quanto mais pobre, maior a distância de poder).

Hofstede diz que uma explicação para a correlação da Distância de Poder com a latitude é que a natureza é mais abundante nos trópicos. Nessas regiões, a ameaça vem de outras tribos, e a existência de uma autoridade central é crítica para a sobrevivência. Já nos climas frios a natureza é a inimiga, e o individualismo e independência são chave para a sobrevivência. A ideia de que o clima frio estimula o desenvolvimento econômico e social não é nova; uma sociedade que não se prepara para enfrentar o inverno da América do Norte e de partes da Europa, não sobrevive.

Quanto ao relacionamento da distância de poder com tamanho da população, diz Hofstede:

---

231. Idem. *Ibidem.*, p. 81.

> O tamanho da população [...] promove a dependência da autoridade porque as pessoas em um país populoso terão que aceitar um poder político mais distante e menos acessível do que pessoas de uma pequena nação. Da mesma forma, os povos de mentalidade independente lutarão com força para evitar ser integrados em uma nação maior[232].

2 - COLETIVISMO X INDIVIDUALISMO

A dimensão de Coletivismo mede até que ponto as pessoas pensam sobre si mesmas como indivíduos ou como membros de um grupo[233].

Nas sociedades coletivistas — como o Brasil — as pessoas pertencem a grupos por toda a vida, e as ligações são de interdependência. Nas sociedades individualistas — como a Suécia — cada um cuida de si, e as ligações entre indivíduos são mais fracas.

O coletivismo prioriza os interesses do grupo. Sociedades coletivistas são sociedades de famílias grandes, onde existe grande interdependência prática e psicológica. As sociedades individualistas priorizam os interesses individuais. Nelas predominam as famílias nucleares, compostas por pai, mãe e seus filhos. A independência é incentivada.

Hofstede diz que "a vasta maioria da população mundial vive em sociedades na quais o interesse do grupo prevalece sobre o interesse do indivíduo"[234], enquanto "uma minoria da população vive em sociedades nas quais o interesse do indivíduo é prioritário"[235].

---

232. Idem. *Ibidem.*, p. 86.
233. Essa dimensão nada tem a ver com o conceito de coletivismo das ideologias socialistas ou comunistas.
234. HOFSTEDE, Geert ; HOFSTEDE, Gert Jan e MINKOV, Michael. *Cultures and Organizations. Op. cit.*, p. 90.
235. Idem. *Ibidem.*, p. 91.

O Brasil tem um índice de individualismo baixo, que é quase a metade do índice da Suécia (Figura 6).

Índice de Individualismo

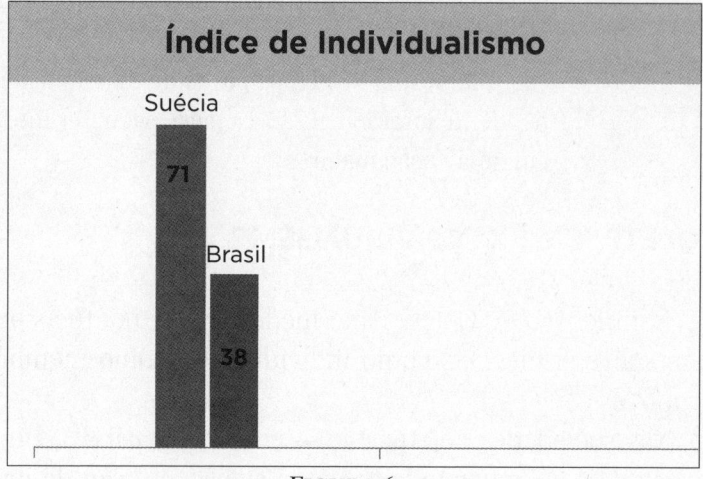

Suécia: 71
Brasil: 38

FIGURA 6

Como fica claro na Figura 7, os países mais ricos são mais individualistas.

Índice de Individualismo

O Brasil é coletivista

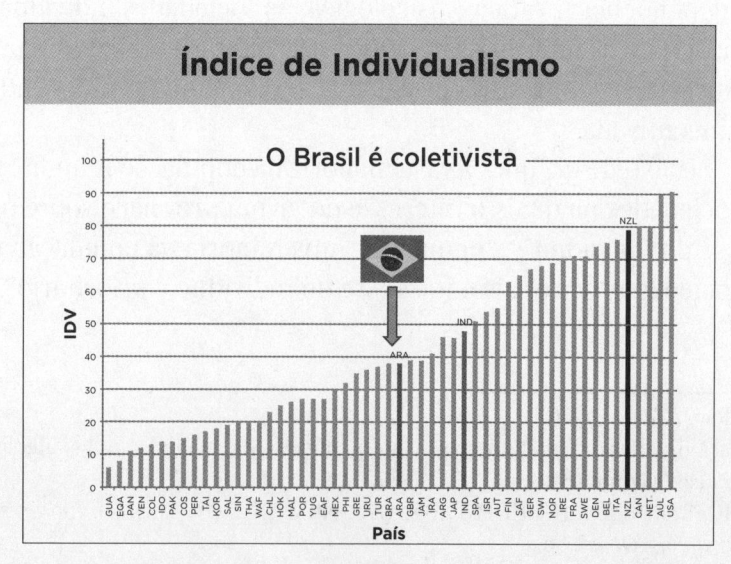

FIGURA 7

Uma pessoa pode ter pontuação alta em coletivismo e individualismo simultaneamente, observa Hofstede; quando se examina o indivíduo, essas podem ser consideradas duas dimensões distintas. Entretanto, quando consideramos a sociedade como um todo, coletivismo e individualismo se comportam como polos opostos da mesma dimensão.

Existe forte correlação entre distância de poder e individualismo. De uma forma geral, como mostra a Figura 8, quanto mais individualista o país, menor a distância de poder. Da mesma forma, quanto mais coletivista a sociedade — ou seja, quanto maior a importância do grupo em relação ao indivíduo — maior a distância de poder.

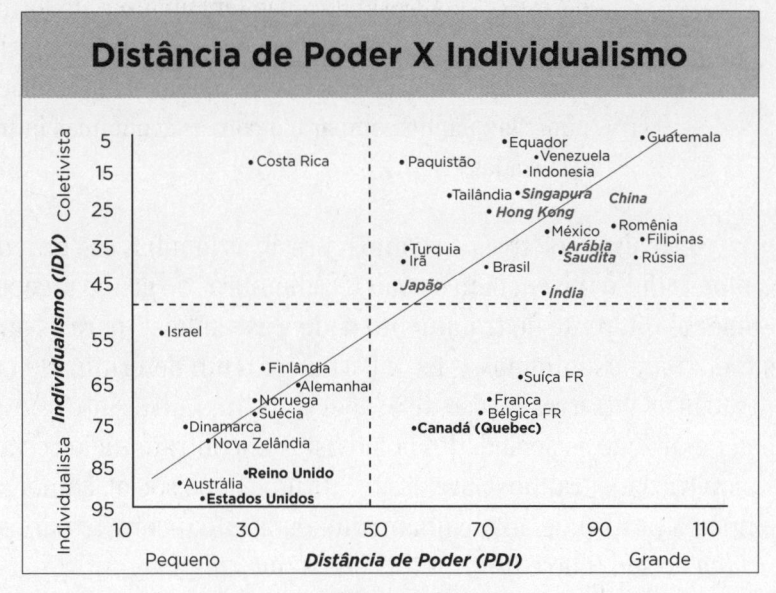

FIGURA 8

Isso contraria o senso comum. Seria de se esperar que as sociedades que mais valorizam a harmonia do grupo — as sociedades coletivistas — tivessem uma preocupação maior também com a distribuição igualitária do poder. Na prática, acontece exatamente o oposto. As sociedades que valorizam mais o indivíduo (e seus direitos e liberdades) em relação aos interesses coletivos são as que melhor distribuem o poder.

Hofstede aponta as exceções: França e Bélgica — países europeus de cultura latina — que combinam média distância de poder com forte individualismo; Áustria e Israel, que combinam médio coletivismo com baixa distância de poder; e a combinação de baixa distância de poder com forte coletivismo na Costa Rica. Sobre este país, diz Hofstede:

> A Costa Rica, uma das seis repúblicas da América Central, é amplamente reconhecida como uma exceção à regra latino-americana de dependência de líderes poderosos [...]. A Costa Rica não tem um exército formal. O país é descrito como a "democracia mais firmemente enraizada" da América Latina, apesar de sua relativa pobreza quando comparada com as economias industrializadas[236].

Nos países coletivistas, como o Brasil, as famílias são grandes e os filhos adultos vivem com os pais. Os membros do grupo recebem tratamento diferente do tratamento dado a estranhos ("para os amigos tudo, para os inimigos, a lei"). Pertencer a um determinado círculo social facilita a realização de negócios com os outros integrantes. Hofstede diz que as sociedades coletivistas encontram meios criativos para trazer estranhos para dentro de um grupo social, como, por exemplo, a prática de apadrinhamento: eu aceito o convite para ser *padrinho* do seu filho e nós nos tornamos *compadres*.

Sociedades coletivistas têm uma preocupação permanente em manter a harmonia e evitar confrontos diretos. Em uma sociedade individualista como a americana, há uma menor preocupação em evitar conflitos: executivos americanos não costumam ter receio de confrontar parceiros, fornecedores ou até clientes, ou de abordar de

---

236. Idem. *Ibidem.*, p. 104.

forma objetiva e direta assuntos desagradáveis, por receio de criar desconforto. Essa diferença cultural impacta muito negociações e processos de venda envolvendo americanos e brasileiros. Minha experiência pessoal é que, comparados com as culturas anglo-saxônicas, os brasileiros têm enorme dificuldade de dizer não — não quero o seu produto, não gosto da sua ideia, não tenho interesse na sua proposta. Hofstede descreve esse aspecto das culturas coletivistas:

> Em uma situação de contato social intenso e contínuo, a manutenção da harmonia no ambiente social se torna uma virtude fundamental, que alcança outras esferas além da família. Na maior parte das culturas coletivistas, confrontar diretamente outra pessoa é um comportamento considerado rude e indesejável. A palavra *não* é raramente usada, porque dizer "não" significa confrontar alguém; "você talvez esteja certo" ou "vamos pensar sobre isso" são exemplos de formas educadas de negar um pedido. Da mesma forma, a palavra *sim* não significa necessariamente aprovação, já que ela é empregada para manter o canal de comunicação aberto: "sim, ouvi o que você disse" é o significado que "sim" tem no Japão[237].

A comunicação nas sociedades coletivistas é de alto contexto; boa parte da informação que está sendo comunicada vem do meio ambiente e das circunstâncias da comunicação (um exemplo é o típico "vamos combinar um chope" do carioca, que é apenas uma saudação afetuosa sem nenhuma intenção de se tornar um plano concreto). Uma consequência dessa diferença no uso da linguagem é que os contratos em inglês — a língua de uma cultura individualista — tendem a ser mais longos que os contratos em português, por exemplo.

---

237. Idem. *Ibidem.*, p. 107.

A socialização nas sociedades coletivistas é frequente. As pessoas têm o hábito regular de sair; frequentar bares, restaurantes e casas de amigos faz parte da rotina, especialmente nos finais de semana, quando ficar em casa é considerado desperdício de oportunidades de diversão.

Essas sociedades enxergam como normal uma grande diferença de idade entre casais. O padrão matrimonial é de noivas jovens e castas e noivos mais velhos.

Nos países individualistas, como a Suécia e os Estados Unidos, as famílias são pequenas e os filhos adultos costumam morar sozinhos (nos EUA isso acontece já a partir dos 18 anos, quando os jovens saem de casa para ir à universidade). De uma forma geral, espera-se que todos recebam o mesmo tratamento, estejam dentro ou fora do grupo.

A franqueza é encorajada (essa é uma característica dos americanos com a qual os brasileiros têm muita dificuldade) e a comunicação é de baixo-contexto (todo o significado está na própria mensagem). A socialização é menos frequente do que nas culturas coletivistas, e as pessoas passam muito mais tempo em suas casas, principalmente nos finais de semana — período que, geralmente, é usado para a manutenção das residências (esse é outro hábito das sociedades individualistas: a cultura do *do it yourself*).

Tendências coletivistas ou individualistas influenciam até o idioma. Um estudo comparativo de 39 línguas mostrou forte correlação de algumas características do idioma com a dimensão coletivista/individualista. Um sinal de coletivismo é o pronome oculto: dizer "Te vejo" em vez de "Eu te vejo". Os idiomas de países individualistas tendem a exigir o uso do pronome "Eu". Aliás, observa Hofstede, o inglês é a única língua que escreve *Eu* com uma letra maiúscula ("I").

Nos países coletivistas as pessoas caminham mais lentamente, os relacionamentos são a principal fonte de informação e um menor percentual da renda privada e pública é gasto com saúde.

Nas culturas individualistas as crianças são incentivadas a fazer pequenos trabalhos e a ganhar dinheiro desde cedo. Nos EUA já faz parte do imaginário cultural a barraquinha de limonada, montada por crianças no verão, para vender o refresco na calçada. No Brasil, não custa lembrar, trabalho de crianças é ilegal, e considerado crime.

Nas culturas individualistas a violação das regras leva à culpa, uma emoção individual. Nas culturas coletivistas a violação de regras pode levar à vergonha, uma emoção social, *mas apenas se a infração for conhecida por outros*.

As culturas individualistas acreditam que a educação deve preparar o indivíduo para ocupar um lugar em uma sociedade de pessoas iguais. O foco está no conhecimento e no autoaperfeiçoamento, e o aprendizado é considerado um processo que continua por toda a vida. Nas culturas coletivistas a aprendizagem é um processo com início e fim, reservado para os jovens, cujo foco é a obtenção de um diploma.

Nas escolas de culturas individualistas tudo está aberto à discussão. É preciso *aprender a aprender*. Na cultura coletivista o foco é manter a harmonia na sala de aula. É preciso *aprender como fazer coisas*.

Os comportamentos e preferências que são correlacionados com um alto índice de individualismo são muitos e diversos: nas culturas individualistas as pessoas tendem a morar em casas separadas em vez de apartamentos, a ter um jardim, possuir um *trailer* de *camping* e a fazer seguro de casa e de vida (quando voltei dos EUA para o Brasil descobri que aqui ninguém fazia seguro residencial). Pessoas de culturas individualistas tendem a demonstrar maior preocupação com a própria saúde. Nessas culturas as pessoas com deficiência tendem a ser otimistas.

Nas culturas individualistas a gestão de pessoas equivale à *gestão de indivíduos*. Foi nesse tipo de ambiente cultural que algumas das técnicas de gestão e treinamento mais populares foram desenvolvidas, como avaliação individual de performance, *rankings* forçados e avaliação 360.

Nas culturas coletivistas a gestão de pessoas corresponde à *gestão de grupos*. Dar um tratamento diferente para os amigos é considerado correto e ético. *O errado seria tratar um estranho da mesma forma que eu trato os amigos.* Nessas culturas o relacionamento vem primeiro, e o negócio vem depois. *O relacionamento sempre prevalece sobre a tarefa.*

* * *

Hofstede diz que a mentalidade coletivista aumenta a probabilidade de um estado dominante na economia. Nas sociedades individualistas existe uma tendência à desregulamentação, privatização e redução dos gastos públicos.

A liberdade é um ideal individualista, enquanto a igualdade é um ideal coletivista. Diz Hofstede:

> As sociedades individualistas não só praticam o individualismo, mas também o consideram superior a outras formas de *software* mental. A maioria dos americanos acha que o individualismo é bom e está na raiz da grandeza de seu país. Por outro lado, o falecido presidente da China, camarada Mao Tsé-Tung, identificou o individualismo como um mal. Ele culpou o individualismo e o liberalismo pelo egoísmo e pela aversão à disciplina; essas ideias levaram as pessoas a colocar seus interesses pessoais acima dos interesses do grupo, ou simplesmente a dedicar atenção demais aos seus próprios assuntos[238].

Hofstede observa que o PIB de um país está fortemente correlacionado com o individualismo; quanto mais rico, mais individualista o país. A pergunta é: os países ficaram ricos porque eram

---

238. Idem. *Ibidem.*, p. 127.

individualistas, ou se tornaram individualistas depois de ficarem ricos? Hofstede diz que o índice de crescimento econômico não mostra correlação com o individualismo. Vários países com altas taxas de crescimento não são individualistas. Portanto a riqueza nacional precede o individualismo, e deve ser, provavelmente, a causa dele. Devemos esperar que os países se tornem mais individualistas à medida que ficam ricos.

3 - MASCULINIDADE E FEMINILIDADE

Masculinidade/Feminilidade foi a única dimensão cultural na qual homens e mulheres apresentaram diferença consistente. O índice de Masculinidade/Feminilidade mede a ênfase cultural na assertividade e na competição (características, por exemplo, da cultura americana) em comparação com a ênfase em cuidado e proteção (características da cultura holandesa, entre outras).

Essa é a mais controversa das dimensões de Hofstede. Ela não está correlacionada com a riqueza nacional e é facilmente confundida com individualismo x coletivismo.

Hofstede chama de cultura masculina aquela em que os papéis emocionais dos gêneros são claramente distintos: os homens devem ser assertivos, duros e focados no sucesso material, enquanto as mulheres devem ser modestas, sensíveis e preocupadas com qualidade de vida. Em uma cultura feminina os papéis emocionais dos gêneros se sobrepõem; tanto homens quanto mulheres devem ser modestos, sensíveis e preocupados com qualidade de vida.

Nosso índice de masculinidade é relativamente baixo. O Brasil é considerado por Hofstede como um país de cultura feminina (Figura 9).

É interessante comparar, por exemplo, Holanda e Estados Unidos. Diz Hofstede:

> As sociedades holandesa e americana são razoavelmente semelhantes nas dimensões da distância de poder e de

Índice de Masculinidade

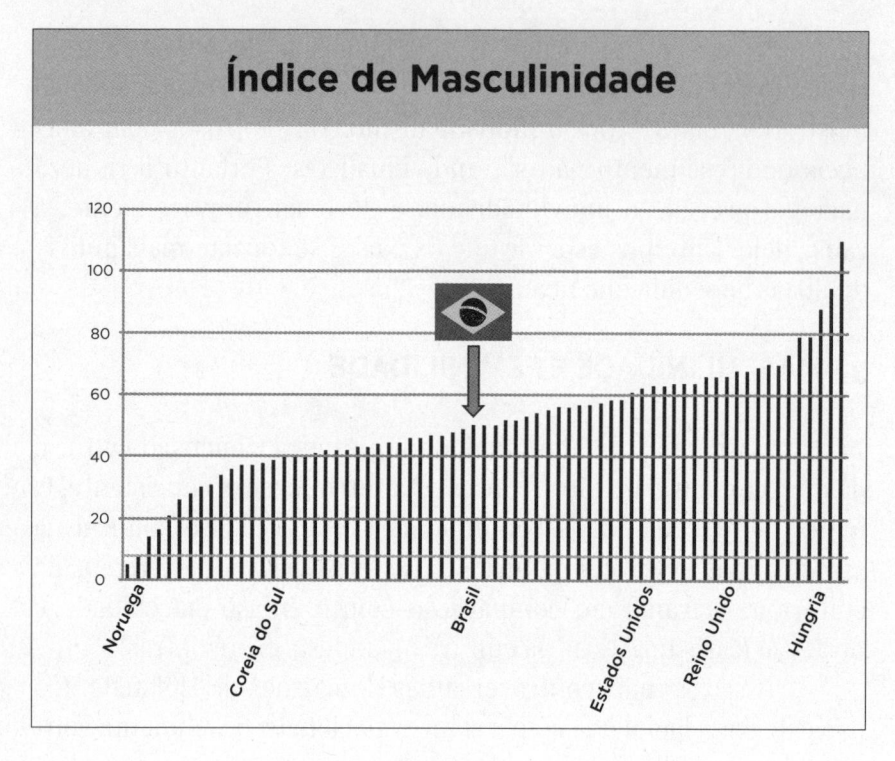

FIGURA 9

individualismo, mas diferem consideravelmente em uma terceira dimensão, que opõe, entre outras coisas, a conveniência de um comportamento assertivo contra a capacidade de comportamento humilde[239].

Essa dimensão é masculinidade *versus* feminilidade.

Hofstede observa que a característica marcante da cultura americana é a assertividade. Candidatos a empregos nos EUA exageram em suas qualificações. Em uma sala de aula americana todos se esforçam para ser o primeiro aluno da classe. Já em um país como a Holanda, os candidatos a emprego *diminuem* suas qualificações. O

---

239. Idem. *Ibidem.*, p. 137.

comportamento dos alunos é de humildade e modéstia, e não é importante chegar em primeiro lugar.

Nas culturas masculinas os papéis dos gêneros são bem definidos. Ambição, realização e sucesso são valores-chave. O foco está nos resultados e em recompensas materiais; o poder de decisão é valorizado e o heroísmo é incentivado. São sociedades competitivas onde se vive para trabalhar, e nas quais desafio e avanço são importantes. As culturas masculinas apreciam coisas grandes (mansões e iates) e rápidas (como carros).

Nas culturas femininas os papéis dos gêneros estão sobrepostos. Cuidar dos outros, servir aos outros e ter qualidade de vida são valores fundamentais. Existe uma orientação para o consenso e uma preferência pela cooperação, pela modéstia e pelo cuidado com os fracos. As pessoas trabalham para viver e poder aproveitar a vida; o gozo da vida é um valor fundamental. A beleza está em coisas pequenas e lentas.

Nas culturas masculinas o crescimento econômico é considerado prioridade, e existe a preferência por uma sociedade de desempenho. O conflito tende a ser resolvido pela força. Nas culturas femininas a proteção do meio ambiente é prioridade, e a preferência é por uma sociedade de bem-estar. Conflitos tendem a ser resolvidos através de negociações.

Nas culturas masculinas existe maior diferença salarial entre os sexos, menos mulheres na gestão e uma orientação geral a tarefas. A preferência é por salários mais elevados e por recompensas baseadas no desempenho. Nas culturas femininas a diferença salarial é menor, há mais mulheres na gestão e uma orientação a pessoas. A preferência é por um número menor de horas de trabalho, mesmo que isso signifique menos dinheiro. Culturas femininas preferem recompensas baseadas em igualdade.

Culturas masculinas adotam uma estrutura familiar tradicional. Meninas choram, meninos não. Meninos lutam, meninas não. Nessas culturas, fracassar é um desastre. Nas Culturas femininas predomina uma estrutura familiar flexível. Meninos e meninas choram, e ninguém briga. Fracassar é um pequeno acidente.

Quanto maior o índice de masculinidade — quanto mais masculina a cultura — maior a diferença entre o índice medido entre homens e mulheres separadamente (Figura 10).

Índice de Masculinidade por Sexo

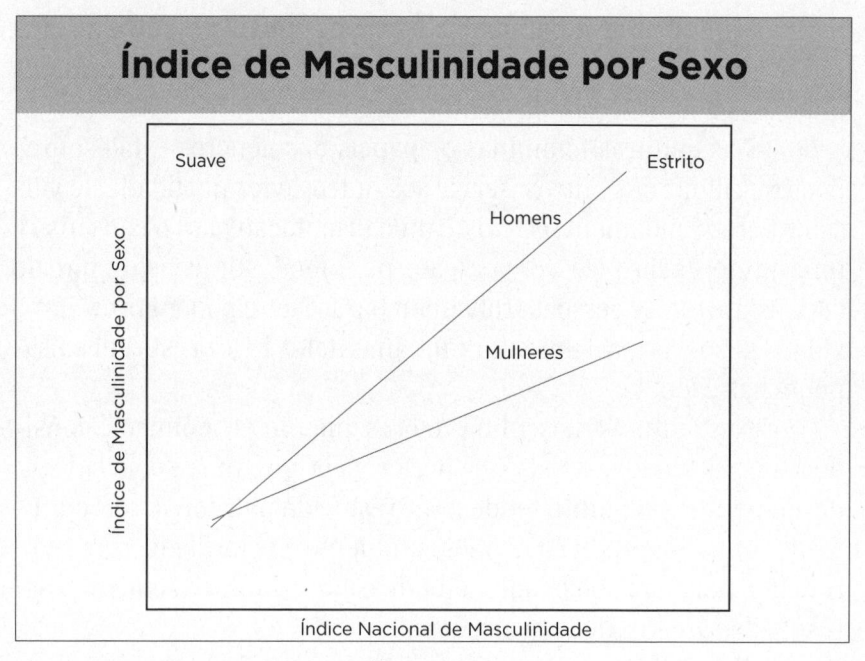

Suave — Estrito
Homens
Mulheres

Índice de Masculinidade por Sexo (eixo Y)
Índice Nacional de Masculinidade (eixo X)

FIGURA 10

Esse era um resultado esperado. A surpresa vem quando, em uma determinada cultura, o índice de masculinidade é plotado por sexo e idade (Figura 11). No início da vida homens e mulheres têm diferenças marcantes no índice de masculinidade, mas essas diferenças vão diminuindo e os valores do índice vão convergindo até que, por volta dos 45 anos de idade, as diferenças desaparecem. Ou seja, à medida que o tempo passa, tanto homens quanto mulheres tendem a ter uma perspectiva mais feminina da vida, com mais foco em proteção e bem-estar e menos foco em realização e sucesso.

Índice de Masculinidade por Sexo e Idade

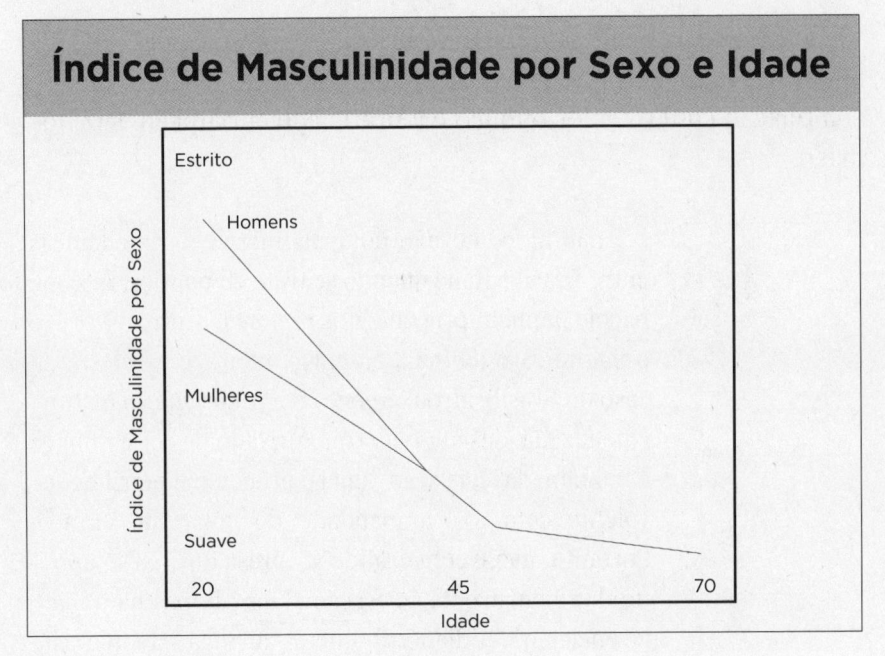

```
Estrito

      Homens

    Mulheres

    Suave
    20            45              70
                 Idade
```

FIGURA 11

Uma das coisas que sempre me intrigou, antes mesmo de conhecer o trabalho de Hofstede, é porque as culturas escandinavas, que se originaram de tribos de guerreiros violentos como os vikings, se transformaram em culturas tão civilizadas e doces. A explicação de Hofstede, confesso, não me convence de todo. Ele diz que as culturas escandinavas são mais femininas porque como os vikings eram comerciantes marítimos os homens passavam longos períodos longe, e as aldeias eram geridas pelas mulheres. Ele diz também que, nas longas viagens dos vikings (que chegaram até a região do Canadá atual) a habilidade de manter boas relações, cuidando dos navios e das mercadorias era uma virtude fundamental.

***

O Procurador de Justiça Rodrigo Chemim em *Mãos Limpas e Lava Jato* faz uma análise comparativa entre as duas famosas operações anticorrupção da Itália e no Brasil. Nesse processo Rodrigo aponta os inúmeros paralelos e semelhanças entre os dois países e sua relação com o poder público e a prática de corrupção. Diz Rodrigo:

> [...] não há como não notar as incríveis semelhanças entre Brasil e Itália quando se trata de política, futebol, paixão popular, preconceitos regionais (entre o Norte e o Sul no caso da Itália ou entre o Sul e o Nordeste no caso do Brasil), afrouxamento ético, corrupção institucionalizada, descuido no trato privado da coisa pública e também da legislação penal e processual penal benevolente com a criminalidade do colarinho-branco. Portanto, não é com grande surpresa que, ao se aprofundar a análise da Operação Mãos Limpas na Itália e vivenciar o cotidiano do que se divulga da Operação Lava Jato no Brasil, pode-se constatar que as coincidências e similitudes de trato, de reação e de consequências das duas grandes investigações de corrupção vão além de todas as diferenças referidas[240].

As semelhanças entre o comportamento de brasileiros e italianos, e no comportamento dos políticos dos dois países, chamam a atenção na análise do procurador:

> A começar por um dos pontos centrais em comum entre os dois países, relacionado ao comportamento dos políticos, convictos que estavam de não serem alcançados em seus desvios de comportamento. A certeza da impunidade lhes permitia gozar de uma perene sensação de proteção plena, de inalcançabilidade pelas

---

240. CHEMIM, Rodrigo. *Mãos Limpas e Lava Jato: A Corrupção Se Olha No Espelho*. Porto Alegre: Citadel Grupo Editorial, 2017. p. 8.

agências estatais de controle da criminalidade, ao menos antes das duas grandes investigações serem levadas adiante.

Neste plano não é demais considerar que tanto no Brasil quanto na Itália as imunidades parlamentares sempre falaram alto, dificultando em muito a responsabilização criminal dos políticos corruptos. Assim, o comportamento daqueles surpreendidos malversando o erário também não costuma diferir de um país para o outro. Mesmo quando descobertos em escândalos de corrupção com provas robustas contra si, os políticos italianos, assim como os brasileiros, não têm por hábito tomar a iniciativa de se afastar do exercício do poder. Em sua grande maioria preferem continuar a gozar das prerrogativas protecionistas das funções públicas em vez de salvaguardar a liturgia da função pública[241].

Quando comparamos as dimensões culturais da Itália e do Brasil, encontramos o cenário da Figura 12.

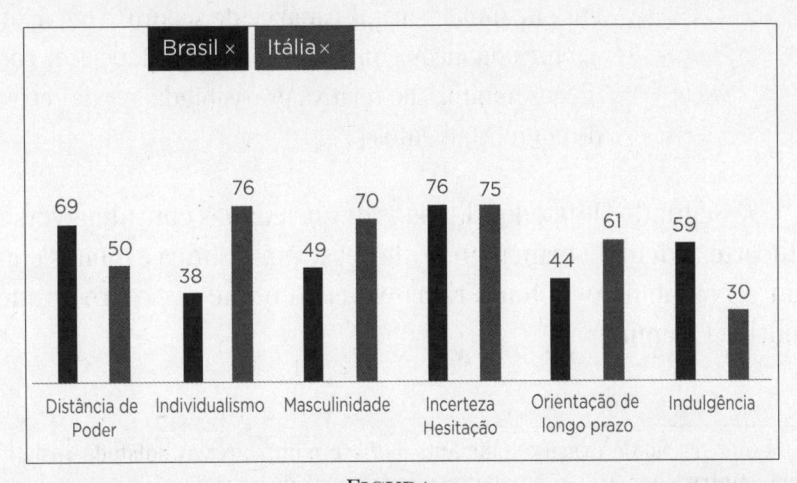

FIGURA 12

---

241. Idem. *Ibidem.*, p. 8.

Uma das semelhanças está na Distância de Poder — o Brasil tem um índice alto e a Itália de médio para alto. Já vimos que alta Distância de Poder está correlacionada com uma classe política cercada de privilégios e que desfruta de um *status* jurídico superior ao resto da sociedade. Nessas nações os escândalos entre poderosos são comuns e serão encobertos, e os poderosos usam seu poder com a finalidade de acumular riqueza. A outra semelhança entre Itália e Brasil está na Aversão à Incerteza, onde os índices são praticamente iguais. Essa dimensão cultural mede o quanto os membros de uma cultura se sentem ameaçados por situações ambíguas ou desconhecidas e criam crenças e instituições que evitam essa incerteza. Sociedades com alta Aversão à Incerteza exibem uma forte necessidade de regras e sistemas jurídicos complexos para estruturar seu funcionamento. Entretanto, diz Hofstede: "A necessidade de o indivíduo obedecer a esses sistemas jurídicos é fraca. Se as regras não 'pegam', novas leis são criadas[242]". O procurador Rodrigo Chemin cita o professor Alberto Vanucci:

> [...] A atividade de corrupção se assemelha então à procura de uma forma de "apólice de seguro", com a qual agentes públicos e privados tentam restabelecer condições mínimas de relativa previsibilidade e de certeza de comportamentos [...][243].

Segundo Hofstede, cidadãos de sociedades com alta Aversão à Incerteza demonstram menos interesse por política e menos confiança nos políticos e burocratas[244]. Vejam o que diz o procurador Rodrigo Chemin:

---

242. Comparação de Brasil e Itália feita *online* em https://www.hofstede-insights.com/country-comparison/brazil,italy/(acesso em 8 de maio de 2018).
243. CHEMIM, Rodrigo. *Mãos Limpas e Lava Jato. Op. cit.*, p. 29.
244. HOFSTEDE, Geert ; HOFSTEDE, Gert Jan e MINKOV, Michael. *Cultures and Organizations. Op. cit.*, p. 220.

Brasileiros e italianos não se interessam muito em evitar que a função pública que ocupam seja maculada por suspeitas que deturpam sua importância nas estruturas do Estado. Assim, costumam agir na contramão do comportamento esperado de homens públicos que não têm apego ao poder pelo poder: tendem a negar os fatos e prosseguir agarrados às funções, que passam a servir de capas de proteção para inviabilizar ou dificultar o alcance de seus atos ilícitos[245].

* * *

O conceito de Dimensões Culturais de Hofstede deveria ser apresentado e discutido nas escolas. As questões que esse conceito levanta não são poucas, e nem fáceis de serem respondidas. Hofstede diz que cada cultura nacional tem certas características marcantes que determinam o comportamento das pessoas e as decisões que elas tomam enquanto nação. Ele diz também que essas características são mais ou menos fixas, e só mudam muito lentamente ao longo do tempo. Para alguns de nós, que consideram a expectativa de progresso econômico e social como consequência do esforço que fazemos para mudar os valores nacionais através da ação social e política, isso é uma má notícia.

Se alta distância de poder é uma característica dos países latinos, tropicais e populosos — e o Brasil se encaixa nas três classificações — que esperança podemos ter de conseguir reduzir os privilégios e o poder excessivo da elite política e da burocracia nacional?

Se vivemos em uma sociedade coletivista na qual, segundo Hofstede, a harmonia do grupo é mais importante do que o sucesso individual, como seremos capazes de implantar sistemas de meritocracia, que recompensem as pessoas de acordo com seus próprios

---

245. CHEMIM, Rodrigo. *Mãos Limpas e Lava Jato. Op. cit.*, p. 8.

esforços? Qual é a viabilidade da adoção da filosofia liberal em países como o nosso?

Hofstede diz que o liberalismo é produto de uma sociedade individualista e com baixa distância de poder. O Brasil não é nenhuma dessas duas coisas; somos coletivistas e a nossa distância de poder é enorme. Qual deve ser a nossa resposta para essa contradição? Esquecer o liberalismo, ignorar Hofstede, ou continuar com nosso trabalho, apenas mantendo a consciência das dificuldades que enfrentaremos?

O trabalho de Hofstede serve para apontar a extrema dificuldade — ou mesmo a impossibilidade — da massificação de modelos mentais, padrões de comportamento e formas de organização política importadas de sociedades com significativas diferenças culturais. Não podemos fugir da realidade: em sociedades com alta distância de poder como a brasileira, a expectativa da maioria das pessoas é ser guiada por um líder carismático e paternalista. Essa liderança pode ser para o bem ou para o mal; ela pode levar a sociedade à liberdade e à autossuficiência, ou à dependência e à submissão a um Estado cada vez maior.

O estudo de Hofstede afirma que nossa realidade social é determinada primariamente pela cultura, o conjunto de ideias e conceitos que é implantado nas nossas mentes até os 10 anos de idade pela família e pela comunidade. Ao contrário do que diz a frase feita usada por grande número de especialistas, educação *não é* a solução. A educação formal pouco pode fazer para alterar os valores culturais nacionais, uma vez que esses estejam instalados na mente das pessoas. *A educação formal fica em segundo plano.*

A solução é a *cultura*. Nossos valores culturais podem nos tornar um país rico ou limitar para sempre o futuro dos nossos filhos. Por exemplo, diz Hofstede:

> Países com culturas de grande distância de poder raramente produziram grandes multinacionais; as operações multinacionais exigem um nível de confiança

maior do que o normal nestes países, e não permitem a centralização da autoridade que os gerentes na sede desses países precisam para se sentir confortáveis[246].

***

Quando concluímos que a chave do progresso da sociedade e da realização pessoal dos indivíduos é uma questão cultural, estamos, na verdade, fazendo uma afirmação *moral*. As noções de moral ensinadas pelos pais e mães de uma nação é que vão determinar o nosso sucesso ou fracasso como sociedade. Todo o resto fica, claramente, em segundo plano.

Não devemos nos orgulhar de nossas empresas petrolíferas, da nossa capacidade de produzir aviões ou de cultivar grandes extensões de terra. O que deve ser motivo de orgulho — e o que vai garantir aos nossos filhos uma vida melhor do que a nossa — é a capacidade de, desde cedo em nossas vidas, distinguir o que é certo do que é errado, o que é limpo do que é sujo, e o que é moral do que é imoral.

Não são os aplicativos que rodam em nossos celulares que importam. O que importa é o *software* que foi instalado em nossas mentes.

As pesquisas de Hofstede têm relação direta com o trabalho sobre instituições de especialistas como Douglass North, que afirma que as diferenças entre países e grupos têm três origens: identidade, valores e instituições.

A identidade de um indivíduo é baseada nas práticas — nos símbolos, heróis e rituais que ele compartilha — e não necessariamente em valores. Essa identidade pode variar durante a vida de uma pessoa, como acontece com imigrantes bem-sucedidos, que mudam de identidade ao se estabelecer em um novo país e formar

---

246. HOFSTEDE, Geert ; HOFSTEDE, Gert Jan e MINKOV, Michael. *Cultures and Organizations. Op. cit.*, p. 404.

novas alianças. Já os valores são implícitos, diz Hofstede, "eles pertencem ao *software* invisível que roda em nossas mentes"[247]. Pesquisadores como Douglass North enfatizam a importância que instituições — tais como as leis, a moral e os hábitos e costumes — têm sobre o desenvolvimento econômico e social. A posição de Hofstede sobre instituições é clara:

> As instituições não podem ser entendidas sem considerar a cultura, e a compreensão da cultura pressupõe uma visão das instituições. Reduzir as explicações para uma ou para outra é uma ação estéril. Os valores de um país estão fortemente relacionados à estrutura e ao funcionamento de suas instituições, e muito menos às diferenças de identidade[248].

* * *

Hofstede diz que, para entendermos a relação entre os valores da cultura nacional e a política, precisamos levar em consideração o nível de riqueza e desenvolvimento do país. O nível de prosperidade econômica é um fator moderador da relação entre valores e política. Isso significa dizer que *alguns axiomas da política ocidental não podem ser aplicados de forma indiscriminada a todos os países*, e não servem como regras globais, já que existem significativas diferenças econômicas entre eles.

Hofstede tira um coelho gigante da cartola quando faz uma afirmação que vai na contramão de todo o consenso político ocidental moderno. Vale a pena ler com calma (e, talvez, com um copo de água com açúcar, ou até alguma bebida mais forte, na mão):

---

247. Idem. *Ibidem.*, p. 23.
248. Idem. *Ibidem.*, p. 24.

> A solução de problemas globais urgentes não pressupõe a adoção da democracia ampla. O resto do mundo não está se tornando ocidental. Os governos autoritários continuarão a prevalecer na maior parte do mundo. A China e a Índia vão influenciar a hierarquia nas empresas e nas organizações de colaboração internacional, em todo o mundo. Eleições não são uma solução universal para problemas políticos. Nas culturas pobres, coletivistas, com alta distância de poder e alta aversão à incerteza, as eleições podem gerar mais problemas do que resolvem. Um exemplo é a Argélia, onde as primeiras eleições gerais em 1990 foram vencidas por fundamentalistas decididos a acabar com as liberdades políticas[249].

O que vale para o sistema político, vale para o sistema econômico:

> O capitalismo de livre mercado não pode ser universal; ele presume uma mentalidade individualista, que é inexistente na maior parte do mundo. [...] os países se tornaram mais individualistas depois de aumentarem sua riqueza, e não mais ricos tornando-se mais individualistas. O capitalismo de livre mercado se adequa a países já ricos, e é improvável que ele transforme os países pobres em ricos. As economias do Leste Asiático que cresceram muito rápido, de meados da década de 1960 até meados dos anos 1990, tinham sistemas econômicos com um forte envolvimento do governo[250].

Sua posição mais polêmica vem por último:

---

249. Idem. *Ibidem.*, p. 414.
250. Idem. *Ibidem.*, p. 414.

> Os conceitos de direitos humanos não podem ser universais. A Declaração Universal dos Direitos Humanos adotada em 1948 baseou-se em valores ocidentais individualistas que não foram e não são compartilhados pelos líderes políticos nem pelas populações da maioria coletivista da população mundial. Sem perder os benefícios da Declaração atual que, de maneira imperfeita, representa ao menos uma regra usada para recorrer contra violações grosseiras, a comunidade internacional deve revisar a Declaração para incluir, por exemplo, os direitos de grupos e minorias. Com base nessa declaração revisada, as vítimas de fundamentalismos políticos e religiosos podem ser protegidas; essa proteção deve prevalecer sobre a soberania nacional[251].

Em uma das observações mais interessantes do livro, Hofstede diz que o dinheiro doado pelos países desenvolvidos para ajudar países pobres é distribuído de acordo com as necessidades psicológicas dos países doadores e não de acordo com a necessidade material de quem recebe. Os efeitos dessas doações, diz Hofstede, têm sido absolutamente decepcionantes:

> Alguns países saíram da pobreza e ficaram ricos, especialmente no leste asiático, mas esse progresso foi devido aos valores das populações e aos seus esforços, e não teve nada a ver com o volume de recursos de assistência internacional que eles receberam[252].

***

---

251. Idem. *Ibidem.*, p. 414.
252. Idem. *Ibidem.*, p. 417.

Quando digo que o Brasil vai ser um país decente ainda em nossa geração, vejo duas reações. Algumas pessoas riem, debocham, destilam ironia. Outras vão buscar lá no fundo da alma um resto de energia e de motivação para continuar trabalhando e acreditando, e colocam aqui uma palavra de apoio. Para elas eu digo: sua persistência não será em vão.

Os problemas que nos afligem nada têm a ver com recursos naturais, tecnologia ou educação. Eles têm a ver com nossa cultura, com nossas instituições, com nossa forma de pensar e agir. Podemos reinventar o Brasil em poucos anos. O Rio de Janeiro pode ser como Dubai. Podemos ser um país seguro, decente e civilizado. Brasília tinha recorde de atropelamentos; hoje você coloca o pé na faixa de trânsito e os carros param.

Na década de 80 diziam que era impossível dominar a inflação porque "os bancos não deixam". A inflação caiu de mais de 1.000% para 6% ao ano. Uma linha telefônica custava 6 mil dólares e a espera era de 2 anos. No Brasil de antigamente não se prendiam ricos. Nos últimos anos vimos banqueiros, senadores e empreiteiros bilionários atrás das grades. *Tudo é possível* quando você acha que é possível.

Isso não se chama autoajuda.

Isso chama cultura.

"Um país só pode ser desenvolvido pela sua própria população", diz Hofstede. "O desenvolvimento está nas mentes e não nas coisas"[253].

---

253. Idem. *Ibidem.*, p. 417.

Parte IV | ALÉM DA DEMOCRACIA

Sempre que os legisladores tentarem retirar ou destruir a propriedade das pessoas (isto é, seus direitos à vida, à liberdade e à propriedade) ou reduzir o povo à escravidão sob um poder arbitrário, eles se colocam num estado de guerra contra o povo, que estará, a partir daí, desobrigado de qualquer obediência e deixado ao refúgio comum que Deus reservou a todos os homens contra a força e a violência.

John Locke

DEMOCRACIA, ESSA INCOMPREENDIDA

Definir uma ditadura não é difícil: é um regime político em que uma pessoa, ou grupo de pessoas, governa um país de acordo com seus próprios planos, impedindo que a maioria dos indivíduos exerça seus direitos. Algumas características típicas das ditaduras são a censura, a ausência do Estado de Direito, as prisões arbitrárias, a falta de independência do Judiciário e as polícias secretas.

A democracia é um pouco mais complicada de definir. De acordo com Robert Dahl em *Polyarchy*[254], é preciso que existam: (1) o direito de votar, (2) o direito de ser eleito, (3) o direito dos líderes políticos de competir por votos, (4) eleições livres e justas, (5) liberdade de associação, (6) liberdade de expressão, (7) acesso a fontes alternativas de informação e (8) instituições baseadas em votos.

O modelo ocidental de democracia tem sido alvo de muitas críticas[255]. Alguns argumentam que um sistema baseado no conceito de "um homem, um voto" falha quando está incorporado a uma so-

---

254. DAHL, Robert. *Polyarchy: Participation and Opposition*. New Haven: Yale University Press, 1971.
255. Por exemplo, no excelente livro de KARSTEN, Frank e BECKMAN, Karel, *Beyond Democracy: Why Democracy Does Not Lead to Solidarity, Prosperity and Liberty But to Unrest, Runaway Spending and a Tyrannical Government* (edição Kindle). Veja: http://beyonddemocracy.net/ (acesso em 9 de maio de 2018).

ciedade de consumo sempre à procura de gratificação imediata[256]. A falta de informação generalizada e a incapacidade de analisar questões complexas, levam o eleitor médio a ser seduzido pelas políticas mais populistas. Essa situação cria também uma classe de políticos profissionais cuja principal preocupação é ser reeleita, e que não está interessada no bem-estar em longo prazo da nação.

Qual o significado do ideal democrático? É impossível responder com certeza. Democracia pode significar coisas diferentes para pessoas diferentes. A ideia moderna mais comum de um sistema democrático é aquela em que o voto universal é combinado com instituições como o Estado de Direito e poderes executivo, legislativo e judiciário independentes.

Observem que esta receita dá resultados diferentes dependendo do país onde é aplicada. Notem também que ela pouco diz a respeito da *qualidade* dessas instituições. De alguma forma, a democracia tornou-se sinônimo de progresso e liberdade, mas mesmo um olhar superficial sobre o mundo mostrará muitos países "democráticos" que são pouco desenvolvidos e até politicamente repressivos.

Pode ser que a democracia — cujo significado original, na Grécia antiga, era quase um mecanismo de partilha de poder exclusivo de homens cultos e ricos — tenha perdido o seu significado. Pode ser que os ideais modernos de liberdade, segurança e autorrealização, que todos compartilhamos, exijam um novo modelo de sistema político. Essa não é uma ideia nova.

A democracia não é tudo e, certamente, não é um fim em si mesma. A democracia — como qualquer outro regime político — só é boa se promove o bem-estar das pessoas.

Isso deveria ser óbvio. Mas não é.

Para discutir isso de forma produtiva, precisamos deixar de lado o jargão e os conceitos políticos de prateleira que consumimos como parte de nossa dieta de mídia de massa. Precisamos nos per-

---

256. Como diz Niall Ferguson em *The Great Degeneration*.

guntar: qual é o objetivo final de um sistema político? Quais são os objetivos que nós, como sociedade, desejamos alcançar?

Digamos que você seja forçado a escolher entre duas opções: a opção A oferece o voto universal (todos os cidadãos acima de 16 anos podem votar) mas algumas crianças passarão fome (devido à incompetência dos políticos eleitos). A opção B dá a garantia de que nenhuma criança ficará com fome, mas, em troca, abrimos mão do voto e aceitamos um ditador inteligente com poderes ilimitados. Qual opção você escolheria?

Claro que esta é uma questão artificial. Na vida real as escolhas não são tão simples. Mas o debate sobre sistemas políticos apresenta escolhas igualmente difíceis, como é fácil perceber na discussão, sempre presente, sobre capitalismo *versus* socialismo e seus sistemas morais subjacentes.

Não existe apenas uma versão da democracia. Este rótulo é aplicado, hoje, a uma ampla variedade de sistemas políticos que, apesar de compartilharem algumas características comuns (como o voto universal), são bastante diferentes em qualidade e resultados.

* * *

Vejamos o Brasil. Somos uma democracia. No entanto, para o cidadão brasileiro comum, é como se os representantes do Congresso e os funcionários do governo pertencessem a um universo completamente separado. Eles parecem viver vidas protegidas e confortáveis. Nossos políticos não sabem o preço do pão ou da manteiga. Eles têm aposentadoria garantida. Sua política é um jogo de cartas marcadas, cujo objetivo final é a aquisição do poder, e não a promoção do bem comum.

Todo cidadão tem o direito (e, no Brasil, o dever) de votar. Mas o efeito do sistema proporcional que usamos nas eleições para o legislativo é que você vota em um candidato e seu voto é usado para eleger outra pessoa. Há tantos candidatos que é impossível ao eleitor fazer uma escolha fundamentada. A corrupção é generalizada e as campanhas custam milhões.

As políticas promovidas pelo governo não são as melhores para as pessoas ou para a sociedade. As políticas promovidas pelo governo são as que favorecem a reeleição. A primeira coisa que um partido político faz quando chega ao poder é desmantelar o legado de seu antecessor, independente do legado ser bom ou ruim para o país.

Claro, somos uma democracia — mas 40 mil pessoas são assassinadas a cada ano[257], 27% dos alunos que terminaram o ensino médio não conseguem ler ou escrever e mais de 50% das casas não possuem sistemas de esgoto. Os escândalos de corrupção estão nas notícias todos os dias. *Todos os dias mesmo.*

Precisamos esquecer as frases feitas e começar a nos concentrar nas coisas que importam.

***

A democracia moderna tem que lidar com as demandas de grupos de interesse, e produz soluções nem sempre compatíveis com o bem-estar a longo prazo da sociedade. A política de cotas — ou *ação afirmativa* — é um bom exemplo. Thomas Sowell escreve que a intenção original dos criadores dessas políticas era apenas remover a discriminação racial dos procedimentos de contratação de empregados e de admissão a faculdades e outras entidades públicas. O populismo e a influência da extrema-esquerda ideológica — sempre à procura de um cavalo de batalha que os possa conduzir ao poder — transformaram esse conceito em uma estratégia de *discriminação positiva* na qual, em vez de sua etnia não importar — como era a intenção original — *ela continua a fazer diferença, mas de uma forma oposta à anterior.* Assim foi instituída a discriminação racial do bem: a política de cotas "raciais".

---

257. Esse é o número de 2021. O Brasil já chegou a ter 65.000 homicídios em 2017.

É claro que, se acreditamos verdadeiramente que todos são iguais perante a lei e têm os mesmos direitos fundamentais, não pode haver discriminação étnica de tipo algum, positiva ou negativa.

A cor da sua pele, o tipo do seu cabelo e a forma do seu nariz não importam. O que interessa é o seu interesse, seu caráter e sua dedicação.

Não é preciso ser gênio para descobrir que negar oportunidades às pessoas de forma injusta não só não compensa os erros cometidos por gerações passadas, como cria um novo ressentimento que terá que ser compensado em algum momento no futuro. A *ação afirmativa* é apenas a perpetuação de um ciclo interminável de injustiça e conflito.

* * *

Outro desafio à democracia é a tentação — e a ameaça — sempre presente do comunismo. O comunismo é um meme, no sentido cunhado por Richard Dawkins em *O Gene Egoísta*: um vírus que se instala no nosso *software* mental, "uma ideia, comportamento ou estilo que se espalha de pessoa para pessoa dentro de uma cultura"[258].

À semelhança dos genes, os memes são transmitidos através do comportamento que eles produzem em seus hospedeiros. No caso do comunismo, o apelo à justiça terrena e à igualdade é irresistível para um grande número de pessoas, que não se preocupam em verificar a história real dos regimes comunistas que já existiram, e passam adiante o vírus, contaminando outras pessoas.

* * *

O Brasil é uma democracia? Não. Somos uma república de bananas. Vamos examinar os fatos.

---

258. DAWKINS, Richard. *The Selfish Gene*. Oxford: Oxford University Press, 1976.

Nós temos bananas, muitas e de alta qualidade. Também temos instituições. Sua qualidade, no entanto, não é tão boa quanto a qualidade das bananas. A estrutura e o desempenho dessas instituições — como a Constituição, o sistema jurídico, as leis que regulam os presídios, a moral e os costumes — deixam muito a desejar. Um processo judicial simples pode demorar décadas. A grande maioria — em média, 92% — dos milhares homicídios anuais nunca são esclarecidos. Existem mais de 700 mil mandados de prisão pendentes. As prisões são controladas por presos. O sistema tributário é tão complexo — existem 95 tributos diferentes no Brasil — que apenas advogados altamente especializados (e muito bem remunerados) conseguem entender alguma coisa.

Sempre houve compra de votos. A maior parte dos brasileiros não se sente representada no Congresso.

Desde a independência, em 1822, tivemos 8 constituições. Aprendemos cedo que as leis não são para todos, apenas para aqueles que não podem pagar advogados ou suborno. Um dos políticos mais reverenciados — Getúlio Vargas — é um ditador revolucionário que governou durante 15 anos sem intervalo, foi deposto e depois trazido de volta pelo voto popular para outro mandato. Quando finalmente enfrentou uma oposição séria, preferiu o suicídio. Esse ídolo deixou um legado de intervenção estatal, legislação populista e práticas políticas atrasadas e clientelistas que duram até hoje, e impedem o Brasil de progredir.

O Brasil é caracterizado pela alta distância de poder, como diz o psicólogo e antropólogo holandês Geert Hofstede[259]. Se você tem poder — se você é um presidente, ministro, juiz, governador, apresentador de televisão ou uma pessoa rica — você pode fazer quase tudo impunemente. Se você não tem poder — se você é um camelô ou um mendigo — você não tem, na prática, direito algum.

A maioria dos países quer melhorar seu padrão de vida através do desenvolvimento econômico, e o único modelo disponível para isso

---

259. Veja o capítulo sobre as ideias de Hofstede neste livro.

hoje é o modelo capitalista, que está longe de ser perfeito. No Brasil existe uma indústria de demonização do capitalismo. A pergunta que precisamos fazer é: será que as vantagens do desenvolvimento econômico através do capitalismo superam as desvantagens? A resposta é clara: sim. Se você pudesse escolher o país onde o seu filho vai nascer, qual você escolheria: os Estados Unidos ou a Bolívia? A Inglaterra ou o Iraque? Não é uma pergunta difícil de responder.

Desenvolvimento econômico é o processo pelo qual as nações se tornam mais ricas. Riqueza não é tudo — você certamente conhece pessoas ricas que não são felizes. Mas quando pensamos em países, a riqueza é *quase* tudo. Espera-se que o desenvolvimento econômico, quando conduzido corretamente, permita o crescimento de forma sustentável e melhore as vidas de todos.

Existem desvantagens no desenvolvimento econômico? Com certeza, assim como existem desvantagens em ser rico. Mas essas desvantagens são muito menores quando comparadas com as desvantagens de ser pobre. O desenvolvimento econômico pode elevar as taxas de obesidade, por exemplo, mas isso é muito melhor do que ver pessoas morrendo de fome. O mesmo acontece com a poluição: quando podem escolher, a maioria das pessoas prefere viver em uma cidade moderna e poluída em vez de viver em uma cabana no meio de uma selva intocada, onde não existam serviços básicos como eletricidade ou atendimento médico.

* * *

Talvez o símbolo máximo de uma combinação bem-sucedida de democracia com capitalismo sejam os Estados Unidos da América. Muitos críticos dizem que a civilização americana está em declínio. Apesar disso, é difícil encontrar outra sociedade que tenha embarcado em uma experiência com liberdade da mesma magnitude da que está sendo realizada, desde 1752, nos Estados Unidos.

Todas as nações do planeta Terra têm manchas em sua história. Apesar dos seus erros e pecados — que são muitos — a nação americana representa a tentativa mais bem-sucedida da humanidade de realizar os ideais de democracia e liberdade.

Os críticos da América — especialmente os críticos *americanos* — deveriam passar um ano vivendo como um cidadão comum, por exemplo, na Nicarágua ou na Nigéria, antes de levantar a voz para criticar a nação que, ao mesmo tempo em que alcançou o mais alto padrão de vida de todo o mundo, dominou o planeta nos campos cultural, tecnológico e militar.

Existe uma razão pela qual os maiores cientistas, artistas e esportistas do mundo querem viver nos EUA: essa razão se chama a "busca da felicidade"[260].

* * *

Se a democracia não é perfeita, ainda assim existem diferenças importantes e relevantes entre os governos democráticos e os governos autoritários. O principal é a existência de um Estado de Direito. Por piores que sejam as leis (como no Brasil), por mais tendenciosa e favorável aos poderosos que seja a Justiça (como parece ser, por exemplo, na França), por mais corruptos e incompetentes que sejam os políticos e os juízes — ainda, assim, se as disputas forem resolvidas em tempo razoável e de forma aceitável, e se os direitos fundamentais forem protegidos, é razoável esperar que o cidadão comum e humilde tenha uma vida melhor, mais estável e mais satisfatória em uma democracia do que se ele for submetido a um governo autoritário.

Mas a democracia não é tudo, e jamais pode ser um fim em si mesma.

* * *

---

260. A Declaração da Independência Americana diz que todos os seres humanos têm o direito inalienável à busca da felicidade. Você conhece algum documento de outro país que diga isso? A Declaração Americana foi escrita em 1776.

A verdade é que ainda não temos uma alternativa. "A democracia é a pior forma de governo, exceto por todas as outras", disse Winston Churchill. Mas é possível melhorar o sistema.

Vamos listar algumas melhorias que podemos fazer no sistema democrático:

1) Os eleitores devem ser informados e educados sobre as questões que estão sendo decididas através do voto. O mesmo vale para a eleição de representantes nas Câmaras, Assembleias e Congresso. Precisamos encontrar uma forma justa e equilibrada de garantir que todos os eleitores tenham acesso às informações necessárias[261];

2) Precisamos de mecanismos melhores para limitar o poder dos políticos, especialmente nos países em desenvolvimento. Políticos não devem ter o poder de aumentar seus salários, contratar amigos ou legislar sobre suas aposentadorias. Acima de tudo, eles não devem ter o poder de levar seus países à ruína por pura ignorância e ideologia;

3) Precisamos encontrar formas inovadoras de reduzir o poder dos interesses corporativos, que vão desde os sindicatos até as oligarquias. A tecnologia pode nos ajudar a resolver esse problema;

4) O voto nunca deve ser obrigatório;

5) As leis precisam ser mais curtas e simples. Nenhuma lei deve ter mais do que 10 páginas. Advogados e políticos terão que se acostumar com isso. Simplificar. Resumir. "Os maiores inimigos da democracia são aqueles que escrevem leis longas e complexas", diz Niall Ferguson em *A Grande Degeneração*;

6) Vamos trazer simplicidade também para os tribunais, e acabar com os ritos complicados realizados em nome da Justiça. A característica mais importante das decisões judiciais é que elas devem ser justas; a segunda é que elas devem ser rápidas. A democra-

---

261. Ver: BERGGRUEN, Nicolas e GARDELS, Nathan. *Intelligent Governance for the 21st Century: A Middle Way Between West and East*. Cambridge: Polity, 2013.

cia precisa de processos judiciais simples e de ações judiciais que sejam concluídas em semanas, e não em anos;

7) É preciso eliminar todos os privilégios especiais concedidos aos funcionários do Estado e às autoridades. Com poucas exceções — relacionadas com fatores de risco à segurança pessoal — todos devem dirigir seus próprios carros ou ir para o trabalho de ônibus ou metrô, como fazem os cidadãos comuns;

8) Vamos evitar os extremos. Um estado de bem-estar social que mima o indivíduo do berço à aposentadoria é tão pernicioso para a democracia quanto o *laissez-faire* de uma economia de mercado sem lei e sem ordem. É importante lembrar das limitações da natureza humana para não cair nas armadilhas dos extremistas;

Estas são minhas sugestões. Tenho certeza de que você pode pensar em mais algumas.

***

No Brasil, os representantes eleitos para o Congresso são chamados de parlamentares. Mas existe uma enorme diferença entre um Congresso e um Parlamento[262].

Um Congresso como o brasileiro constitui um poder republicano Legislativo independente dos outros poderes (Executivo e Judiciário). O presidente da República é eleito de forma independente do Legislativo e pode pertencer a um partido político diferente daquele que tem maioria no Congresso. Em um sistema *parlamentar*, como o do Reino Unido, o primeiro-ministro é escolhido entre os líderes do partido que tem a maioria na Casa dos Comuns (que compõe o Parlamento junto com a Casa dos Lordes, meramente cerimonial). O primeiro-ministro, então, seleciona os seus ministros a partir dos

---

[262]. Quem me alertou para isso foi o jurista Telius Memória, meu companheiro no programa de rádio *Confronto Metropolitana*, do também meu amigo Ronaldo Gomlevsky.

membros do seu partido no Parlamento. Pode-se dizer que nesse sistema não existe separação verdadeira entre os poderes legislativo e executivo. Esse modelo de sistema político é chamado de *majoritário* por Arend Lijphart, em seu excelente *Padrões de Democracia*[263].

O sistema presidencialista é chamado por Lijphart de *democracia de consenso*. Nesse sistema existe um equilíbrio de poder entre o Legislativo e o Executivo, e uma divisão do poder político entre uma ampla coalizão de partidos. Lijphart também diz que os sistemas majoritários tendem a formar governos unitários e centralizados, em oposição a governos federalistas descentralizados nas democracias de consenso.

Os sistemas eleitorais proporcionais são característicos de democracias de consenso (sistemas presidenciais), enquanto os sistemas majoritários (parlamentaristas) tendem a usar o modelo de voto distrital majoritário.

Lijphart diz que os sistemas presidencialista e parlamentarista diferem em três pontos fundamentais[264]. O primeiro é que o chefe do governo em um sistema parlamentarista — chamado de primeiro-ministro, *premier* ou chanceler, dependendo do país — depende, para ficar no poder, da confiança dos parlamentares, e pode ser destituído através de uma votação do Parlamento. No sistema presidencialista o chefe de governo é eleito para um mandato com duração prescrita na Constituição, e só pode ser removido através de um processo de *impeachment*.

A segunda diferença é que um presidente é eleito pelo voto — direto ou indireto — enquanto o primeiro-ministro é escolhido pelo parlamento. A terceira diferença fundamental, segundo Arend, é que as decisões mais importantes são tomadas pelo gabinete do primeiro-ministro como um time, enquanto o presidente toma decisões sozinho.

---

263. LIJPHART, Arend. *Patterns of Democracy: Government Forms and Performance in Thirty-Six Countries*. New Haven: Yale University Press, 2ª ed. 2012.
264. Idem. *Ibidem.*, p. 106.

O Reino Unido representa o típico sistema majoritário parlamentar. O Parlamento é o órgão legislativo do Reino da Inglaterra. Suas origens estão no reino de William da Normandia que, em 1066, começou a consultar os nobres feudais e autoridades eclesiásticas antes de promulgar leis. Em 1215, os nobres conseguiram do rei John a Magna Carta, um documento que tornava necessária a autorização de um Conselho Real antes que o rei pudesse criar impostos. Esse Conselho gradualmente evoluiu para um Parlamento.

Ao longo dos séculos, o Parlamento inglês limitou cada vez mais o poder da monarquia, em um processo que culminou na Guerra Civil inglesa e no julgamento e execução de Charles I, em 1649. A Revolução Gloriosa de 1688 consolidou a supremacia do Parlamento, e limitou a autoridade executiva dos reis. Autores como Douglass North e Niall Ferguson creditam a isso a pujança econômica da Inglaterra, que resultou na Revolução Industrial.

O Ato de União de 1707 juntou o Parlamento da Inglaterra com o Parlamento escocês, criando o Parlamento da Grã-Bretanha, que em 1801, ao incorporar os membros do Parlamento irlandês, se tornou o Parlamento do Reino Unido.

***

Mas afinal, que tipo de governo é melhor para o crescimento econômico: a democracia ou a autocracia? A resposta depende de muitos fatores.

Se o país é comandado por um autocrata inteligente, trabalhador, esclarecido e bem-intencionado, você está em situação muito melhor do que se vivesse em uma democracia, com todos os conflitos, interesses partidários, visão de curto prazo e corporativismo que hoje caracterizam esse regime. Ao pensar em um país dirigido por um autocrata iluminado, pense em Singapura.

Mas se você for governado por um tirano louco, decidido a roubar o máximo que puder do tesouro nacional, você está perdido.

Pense em Papa e Baby Doc no Haiti, Idi Amin em Uganda, Trujillo na República Dominicana e tantos outros[265].

O fator-chave são as instituições. Todo país tem instituições políticas e instituições econômicas. Elas podem ser *extrativas* (quando seu objetivo é extrair a maior riqueza possível da população) ou *inclusivas* (quando elas funcionam para gerar e distribuir a riqueza).

As instituições políticas podem ser de um tipo e as instituições econômicas de um tipo diferente — ou as duas podem ser exatamente do mesmo tipo. Se ambas são de natureza extrativa — pense na Coreia do Norte, submetida a uma ditadura insana e com uma economia socialista fracassada — então você está perdido. Mas se as instituições são do tipo inclusivo — pense na monarquia parlamentar do Reino Unido e em sua economia de mercado — você está no caminho da prosperidade.

As combinações de instituições podem gerar resultados surpreendentes. Se as instituições políticas são inclusivas, mas as instituições econômicas são extrativas, você simplesmente não crescerá. Na situação inversa — instituições políticas extrativas, mas instituições econômicas inclusivas — talvez o caso da China — o crescimento pode ser alto, mas não ser sustentável.

Voltemos então à pergunta: que modelo é melhor para o crescimento econômico: a democracia ou a autocracia? A resposta completa é: a democracia, mas apenas se, e somente se, as instituições econômicas do país forem inclusivas — ou seja, se elas permitirem a livre concorrência, com pouca burocracia, baixos impostos e apenas a regulamentação essencial.

***

O Sindicato da Indústria de Gelo do Estado de Pernambuco criou o "Selo do Gelo", que o governo do estado e a Agência Pernambucana de Vigilância Sanitária (Apevisa), tornaram obrigatório. Se

---

265. Sobre Tujillo, Mario Vargas Llosa escreveu o excelente romance *A Festa do Bode*.

você vende sacos de gelo, eles precisam ter o selo. O selo é bonito; tem uma marca holográfica, código de barras e um número de série único. Mas qual a função do selo? O sindicato diz que é garantir a qualidade do gelo. Mas como um selo garante isso?

O *site* do governo de Pernambuco tenta explicar:

> Além da normatização das condições sanitárias de fabricação, o texto [da lei n° 15.556, de 02 de setembro de 2015] normatiza as embalagens e os rótulos, e estabelece que a água utilizada para fabricação do gelo deve respeitar o padrão do Ministério da Saúde. Esses mecanismos ampliam o controle na distribuição e também coíbem a produção clandestina do produto no Estado.

O diretor da Apevisa destacou que cerca de 30 fabricantes estão de acordo com a nova legislação estadual e que os demais devem realizar o cadastramento. "A partir de 1° de junho, nós vamos estar com toda estrutura de fiscalização pronta e quem for pego ilegalmente será autuado. Os produtores que não realizaram o cadastramento devem procurar a vigilância sanitária do município para se regularizar, porque só adquire o selo quem for cadastrado", explicou o diretor[266].

Você já tinha ouvido falar de *gelo clandestino*? E quem fiscaliza os fiscais do selo do gelo?

* * *

Thomas Sowell já explicou: o Estado cria regulamentações impossíveis de serem cumpridas apenas para manter a iniciativa privada refém de seus caprichos e dela extrair riqueza — de formas oficiais e extraoficiais. Acontece na maioria dos países. Uma das

---

[266]. Veja: http://www.pe.gov.br/mobile/blog/2016/05/26/regulamentada-a-fabricacao-e-comercializacao-de-gelo-no-estado/ (acesso em 10 de maio de 2018).

melhores ocupações é ser contratado pelo Estado para fiscalizar essas regulamentações. Lembrem quais são os concursos públicos mais disputados do país.

Prestem atenção ao que Sowell diz:

> Depois que uma agência reguladora é criada e recebe poderes, a mídia perde o interesse e vai cuidar de outros assuntos. Mas as empresas que estão sendo reguladas continuam a se interessar pelas atividades da agência reguladora e a fazer *lobby* por regulamentações que lhes sejam benéficas e pela indicação, para a agência, de indivíduos que lhes sejam favoráveis.
>
> O resultado dessa assimetria de interesses externos é que a agência criada para regular determinadas empresas para o benefício dos consumidores frequentemente se transforma em uma agência cuja missão é proteger os interesses das empresas "regulamentadas" contra ameaças vindas de novas empresas, novas tecnologias ou novos métodos organizacionais[267].

Por isso, não deveria ser surpresa para ninguém a notícia abaixo:

> O diretor da Agência Pernambucana de Vigilância Sanitária (Apevisa) foi condenado pela Justiça à perda da função pública por ter conhecimento de irregularidades cometidas pelos funcionários e não tomar medidas para conter os atos de improbidade dentro da agência. A condenação do diretor foi motivada pela ação de cinco servidores, que exerciam, além do cargo de analista de

---

267. SOWELL, Thomas. *Basic Economics*. New York: Basic Books, 5ª ed. 2015, p. 158.

saúde, postos em empresas privadas que eram submetidas à fiscalização do órgão[268].

* * *

A plataforma P-66 da Petrobras ficou pronta para operar no dia 16 de março de 2017, mas ficou parada à espera de uma licença do Ibama[269]. O prejuízo contabilizado era de aproximadamente 1,5 milhões de dólares *por dia*. Em conversa com líderes do setor de petróleo, mais ou menos na mesma época, uma diretora do Ibama disse que não poderia fazer nada quanto à demora nos licenciamentos porque estava "há um mês sem internet no escritório".

O registro do quimioterápico Xeloda para tratamento de câncer de pâncreas aguardou, durante muito tempo, a aprovação da ANVISA para uso no país. Os técnicos da agência ainda estavam revisando estudos que já haviam comprovado a eficácia do medicamento em todo o mundo. É claro que os técnicos brasileiros precisam comprovar tudo de novo. Afinal, quem tem pressa em tratar um câncer de pâncreas? Muito mais importante é avisar os compradores de ovos que dentro da caixa de ovos há ovos[270], conforme determina a resolução RDC 26/2015 da Anvisa[271].

O Estado brasileiro é uma vergonha enorme, perversa e sem fim.

* * *

---

268. Veja: http://g1.globo.com/pernambuco/noticia/2016/09/diretor-da-vigilancia-sanitaria-de-pe-e-condenado-por-improbidade.html (acesso em 10 de maio de 2018).
269. Guia *Oil & Gas*, 24/3/2017.
270. Veja: http://g1.globo.com/Noticias/Brasil/0,,MUL1197611-5598,00-ANVISA+DETERMINA+ROTULO+COM+ADVERTENCIAS+SOBRE+CONSUMO+DE+OVOS.html (acesso em 10 de maio de 2018).
271. Veja: http://portal.anvisa.gov.br/documents/10181/2694583/RDC_26_2015_.pdf/b0a1e89b-e23d-452f-b029-a7bea26a698c (acesso em 10 de maio de 2018).

Os conceitos de direitos, liberdade e democracia evoluíram ao longo do tempo. É fato. Atenas era uma democracia. Mas o significado da palavra não era o mesmo que hoje. Os Pais Fundadores dos EUA criaram uma democracia onde era necessário possuir uma propriedade para ser qualificado como eleitor. A intenção não era discriminatória no sentido negativo; os fundadores simplesmente achavam que a propriedade era um indicador indireto de coisas como capacidade de trabalho, bom senso e discernimento, qualidades essenciais para um voto consciente. As mulheres só conseguiram o direito de voto nos Estados Unidos na década de 1920.

Democracia não garante liberdade ou justiça, como o povo do Brasil já descobriu. A garantia dos direitos fundamentais depende do Estado de Direito e de instituições como um Judiciário sólido e independente. Isso não vem automaticamente com a democracia; precisa ser construído.

Na verdade, é possível encontrar países que não são democracias, mas que têm instituições decentes que garantem, até determinado ponto, liberdade e justiça. Singapura é um caso a ser considerado. Hong Kong é outro.

***

Direitos são um assunto interessante. Gosto da separação entre direitos negativos e positivos. Os direitos negativos são aqueles que ninguém pode tirar de você: por exemplo, direito à vida, à liberdade de expressão e o direito de ir e vir. Os direitos positivos são aqueles que, para existirem, dependem de alguém fazer alguma coisa por você: são exemplos o direito de comer (alguém tem que fazer ou comprar comida para você), o direito ao trabalho (alguém tem que criar um emprego) e o direito à assistência médica (algum médico precisa cuidar de você).

As democracias, muitas vezes, não são capazes de honrar os direitos negativos, mas, apesar disso, prometem direitos positivos pelos quais não podem pagar. O nome disso é populismo. É o caso do Brasil onde, por exemplo, os serviços de saúde são universais, gratuitos e completos, mas de qualidade muito baixa — e onde os direitos à vida, à liberdade e à propriedade estão sempre ameaçados pela maior crise de criminalidade do Ocidente moderno[272]

Muitas pessoas bem-intencionadas, mas ingênuas, mal-informadas ou doutrinadas ideologicamente, acreditam que o grande problema com as democracias ocidentais é a distribuição desigual da riqueza. Mas pensem nisso: não pode haver distribuição igual de riqueza porque não há distribuição igual de determinação, persistência e talento. A única maneira de realmente garantir que não existam "disparidades de riqueza" é ter uma autoridade central — uma *Agência Reguladora de Riqueza* — que imediatamente tire de você o seu "excesso de propriedade" e o compartilhe com outras pessoas, como proposto pelo filósofo americano John Rawls. Na vida real, este tipo de autoridade central sempre guarda uma boa parte — *a maior parte* — da riqueza para si.

As diferenças na situação econômica das pessoas são um resultado necessário da liberdade — cada um decide como prefere viver e onde quer aplicar seus esforços — assim como são também resultado de fatores imponderáveis da vida, tais como possuir talentos únicos ou ter nascido em uma família que valorize a educação e o trabalho árduo. Esses fatores não podem ser regulados por nenhum governo, a não ser através da imposição de regimes totalitários.

***

A forma mais eficaz de governo que encontramos até agora (ênfase no *até agora*) é um sistema democrático, organizado como república ou monarquia parlamentar, e que funcione com base em uma economia de mercado o mais livre possível (com pouca interferência do Estado). Acrescente os freios e contrapesos necessários

---

272. Sobre esse assunto, veja meu livro *A Construção da Maldade*.

entre os poderes, um bom sistema jurídico, sistemas de votação apropriados (prefira o voto indireto para o cargo mais alto) e um Estado enxuto, focado em suas tarefas essenciais (segurança pública, defesa, Justiça, educação básica e saúde). Por último, adicione um sistema de justiça criminal eficiente, que garanta que quaisquer violações da lei terão alta probabilidade de ser punidas.

Estes são os conceitos básicos.

***

Uma das críticas à democracia é que as pessoas votam para decidir questões políticas cujos detalhes não conhecem, e que não estão qualificadas para analisar. As democracias modernas são baseadas na premissa de que todos os adultos têm direito a votar. O que está implícito nesse direito é a suposição de que todos os adultos têm a capacidade de avaliar e decidir sobre as questões e os problemas enfrentados pela sociedade, e a capacidade de, com base nesse julgamento, selecionar os melhores candidatos para cargos eletivos.

Evidências vêm se acumulando de que isso está longe da realidade. O vencedor do Prêmio Nobel Herbert Simon propôs que nossa racionalidade é "limitada". Isso significa que nossa capacidade cognitiva não consegue processar racionalmente todas as informações que recebemos a todo momento, e que só podemos lidar com uma pequena quantidade dessas informações ao mesmo tempo. Drew Westen, em *O Cérebro Político,* mostra como a tomada de decisões é um processo principalmente emocional e não racional. Nicolas Berggruen, em *Governança Inteligente Para o Século XXI,* vê problemas com o modelo de um voto por cidadão, quando aplicado à complexidade do mundo moderno. Como um cidadão comum, mal-informado ou até completamente desinformado, pode compreender, avaliar e selecionar propostas para a reforma de sistemas financeiros complexos, por exemplo? Berggruen propõe uma estrutura de governança inovadora, onde o voto é indireto e contrabalançado por um processo de seleção baseado no mérito e no conhecimento.

Todos devem ter o direito de influenciar as decisões que a sociedade e os governos tomam, mas esse direito precisa ser mediado por um mecanismo que melhore a qualidade das decisões e reduza as chances de captura do processo decisivo por políticos populistas e por interesses especiais.

***

Se criar e manter uma democracia é difícil — e alguns dos problemas do modelo democrático são graves — de uma coisa pelo menos temos certeza: regimes autoritários, em geral, não oferecem nada muito melhor, seja qual for o seu verniz ideológico. Não existe diferença alguma entre uma ditadura comunista e uma ditadura fascista. Os campos de concentração, as sessões de reeducação e as câmaras de tortura são as mesmas em todas as ditaduras. A censura, a polícia secreta e a mão pesada do Estado totalitário funcionarão exatamente da mesma maneira. Em ambos os sistemas, um pequeno grupo de líderes privilegiados gozará de todos os benefícios e luxos, enquanto a grande maioria luta para sobreviver na ignorância e na pobreza. Não haverá liberdade de expressão ou Estado de Direito.

As diferenças ficam nas teorias usadas para justificar o totalitarismo. Em uma ditadura comunista ou socialista, você será torturado e fuzilado em nome do povo, depois de ser acusado de ser um reacionário. Em uma ditadura fascista, você será torturado e fuzilado em nome da nação, depois de ser acusado de ser um subversivo.

Na América Latina, passamos nossas vidas com medo de uma ou de outra, alternadamente.

Bibliografia

ALINSKY, Saul. *Rules for Radicals: A Pragmatic Primer for Realistic Radicals*. New York: Vintage Books, 1989.
BEEVOR, Antony. *The Fall of Berlin 1945*. New York: Viking Books, 2002.
BERGGRUEN, Nicolas & GARDELS, Nathan. *Intelligent Governance for the 21st Century: A Middle Way Between West and East*. Cambridge: Polity, 2013.
CHEMIM, Rodrigo. *Mãos Limpas e Lava Jato: A Corrupção Se Olha No Espelho*. Porto Alegre: Citadel Grupo Editorial, 2017.
DRUCKER, Peter, *The Post Capitalist Society*.
FERGUSON, Niall. *The Great Degeneration: How Institutions Decay and Economies Die*. London: Penguin Books, 2014.
GLADWELL, Malcom. *Blink: The Power of Thinking Without Thinking*. New York: Back Bay Books, 2005.
GORDON, Flávio. *A Corrupção da Inteligência: Intelectuais e Poder no Brasil*. Rio de Janeiro: Record, 2017.
GRAYLING, A. C. *Ideas That Matter: The Concepts That Shape The 21st Century*. New York: Basic Books, 2010.
HABER, Stephen, *How Latin America Fell Behind: Essays on the Economic Histories of Brazil and Mexico, 1800-1914*. Stanford: Stanford University Press, 1997.
HALLIDAY, E. M. *When Hell Froze Over*. New York: I Books, 2000.
HARARI, Noah Yuval. *Homo Deus: A Brief History of Tomorrow*. London: Harvill Secker, 2016.

―――――. *Sapiens: A Brief History of Mankind.* New York: Harper Collins, 2015.

HOFSTEDE, Geert; HOFSTEDE, Gert Jan e MINKOV, Michael. *Cultures and Organizations: Software of the Mind.* New York: McGraw Hill, 2010.

HOROWITZ, David. *Take No Prisoners: The Battle Plan for Defeating the Left.* Washington, D. C.: Regnery Publishing, 2014.

―――――. *The Art of Political War and Other Radical Pursuits.* Dallas: Spence Publishing Company, 2090.

JUDT, Tony. *Pós-Guerra: Uma História da Europa Desde 1945.* Objetiva, 2007.

KARSTEN, Frank; BECKMAN, Karel. *Além da Democracia.* Instituto Ludwig von Mises Brasil, *download* gratuito em http://www.mises.org.br/Ebook.aspx?id=82 (acesso em 11 de maio de 2018).

KORNAI, Janos. *The Socialist System: The Political Economy of Communism.* Princeton: Princeton University Press, 1992.

LIJPHART, Arend. *Patterns of Democracy: Government Forms and Performance in Thirty-Six Countries.* New Haven: Yale University Press, 2ª ed. 2012.

NORTH, Douglass. *Institutions, Institutional Change and Economic Performance.* Cambridge: Cambridge University Press, 1990.

PESSI, Diego e GIARDIN, Leonardo. *Bandidolatria e Democídio.* Santo André: Armada / Resistência Cultural, 2017.

SAMENOW, Stanton. *Inside The Criminal Mind.* Portland: Broadway Books, 2014 (edição Kindle).

SOWELL, Thomas. *Basic Economics.* New York: Basic Books, 5ª ed. 2015.

―――――. *Intellectuals and Society.* New York: Basic Books, 2011.

―――――. *The Thomas Sowell Reader.* New York: Basic Books, 2011.

TALEB, Nassim Nicholas. *Antifragile.* Random House, 2012.

AGRADECIMENTOS

Este livro não teria sido possível sem Solange Santos que, com generosidade infinita, sugeriu o projeto à LVM Editora e nos convenceu de que ele era possível. Este foi meu primeiro livro publicado por uma grande editora, e isso representou um enorme encorajamento.

Com a primeira edição deste livro, pela primeira vez na vida tive um editor, Alex Catharino. A segunda edição foi ideia de Pedro Henrique Alves, a quem agradeço pela dedicação ao projeto.

Eu não teria escrito nenhum livro sem o apoio, a amizade e o estímulo intelectual de um grupo de pessoas espalhadas por todo o Brasil, que tenho a honra de chamar de amigos. Eles são numerosos demais para serem todos listados aqui, mas é imperativo que eu faça ao menos uma tentativa. O mitológico Procurador de Justiça Marcelo Rocha Monteiro encabeça a lista, como meu guru para todas as questões de crime e segurança pública, e amigo querido; Leonardo Fiad tem sido o amigo sempre presente, disponível, culto e atencioso. Marcelo e Leonardo leram as primeiras versões do manuscrito e fizeram inúmeras sugestões, prontamente aceitas.

Agradeço a Branca Nunes, minha editora na *Revista Oeste*, por seu sempre entusiasmado apoio e pela gentileza de autorizar a inclusão no livro de vários artigos publicados pela revista.

Agradeço ao Procurador de Justiça Fabio Costa Pereira, e aos Promotores Diego Pessi, Bruno Carpes e Leonardo Giardin, que me ajudaram com revisões cuidadosas dos ensaios sobre crime. Essa parte do livro nunca teria sido escrita sem a amizade e o apoio de outros corajosos membros do Ministério Público e do Judiciário, que com infinita generosidade e paciência guiam este engenheiro pelos mistérios do direito. É justo citar a Procuradora Flavia Ferrer, as Juízas Yedda Christina Ching San Filizzola Assunção e Miriam Tereza Castro Neves de Souza Lima, as Promotoras Carmen Eliza Bastos de Carvalho e Somaine Patricia Cerruti Lisboa.

**Entre em contato com o autor.
Roberto Motta adoraria saber
o que você achou deste livro.**

E-mail: meiahoracommotta@gmail.com

Site: www.robertobmotta.com.br

YouTube: youtube.com/@robertomottaoficial

Facebook: facebook.com/RobertoMottaPagina

Twitter: @rmotta2

Instagram: robertomottaoficial

Telegram: https://t.me/RobertoMottaOficial

Boletim Semanal: https://robertomotta.substack.com/

Acompanhe a LVM Editora nas Redes Sociais

https://www.facebook.com/LVMeditora/

https://www.instagram.com/lvmeditora/

Esta edição foi preparada pela LVM Editora pela Spress,
com tipografia Playfair e Raleway (título),
em agosto de 2023